BUDOWISSEN.DE

D1701368

BUDOWISSEN.DE

Rüdiger Janson

Der vergessene Weg des Karate

Budo-Medienverlag
www.budo-medienverlag.de

1. Auflage 2015

Rüdiger Janson
Der vergessene Weg des Karate

Impressum

Herausgeber:	Ralf Kruckemeyer Budo-Medienverlag Grönenberger Str. 7 D-49324 Melle www.budokonzept.de info@budokonzept.de
Autor:	Rüdiger Janson
Herstellung und Verlag:	BoD - Books on Demand, Norderstedt
ISBN:	9783738647341

Der Leitsatz des Autors

Wer die Weisheit sucht, ist ein weiser Mann; wer glaubt, sie gefunden zu haben, ist ein Narr.

Lucius Annaeus Seneca, römischer Dichter und Philosoph
(4 v. Chr - 65 n. Chr.)

Ein paar kleine Zitate zum Einstieg.

Karate ist wie Fahrrad fahren. Wer nur auf einem Einrad fährt, muss verdammt gut sein.

Karate ist wie ein Haus mit mehreren Stockwerken. Wer sofort die Treppen hoch rennt, ohne sich in den Zimmern umzusehen, kann nicht mitreden wenn man sich im obersten Stock über das Inventar unterhält.

Wer bei den Karateprüfungen nur Hürden überspringt, läuft ewig nur auf einer Ebene.

Karate ist wie ein Auto. Man hat einen Motor, eine Karosserie und Räder. Jetzt muss man nur noch wissen, wie man es startet und richtig damit fährt.

Eine Kata ist wie ein Weihnachtsgeschenk. Aber im Gegensatz zu Weihnachtsgeschenken, werden die Kata nur selten ausgepackt.

Kata wird heute oft so gemacht, als ob man mit einem Rennwagen durch einen Zoologischen Garten fährt.

R.Janson

Diese Arbeit widme ich Sensei Gichi Funakoshi, Mabuni Kenwa, Chojun Miyagi und all den anderen „alten Meistern", die Karate nach Japan und in die USA brachten.

Inhaltsverzeichnis

Ein paar wichtige Worte vorweg

Ursprünglich hieß dieses Buch: „Auf den Spuren des Okinawa- Te". Es geht in diesem Buch jedoch nicht um die Geschichte des Karate in Okinawa, sondern um den alten Weg des Karate und die Kunst der Selbstverteidigung im Karate.

Wenn man verstehen will was Karate früher war und heute ist, muss man auch einen kleinen Einblick in die Entstehungsgeschichte haben.

Es geht mir nicht darum die Geschichte Okinawas detailliert wissenschaftlich zu erläutern. Das kann ich gar nicht. Das können Karate-Forscher viel besser. Aber um besser zu verstehen worum es geht, ist es wichtig einen Einblick in die Geschichte der Okinawa-Te Meister und die Geschichte einiger Kata zu bekommen. Für Leute die diese Geschichten nicht kennen, habe ich hoffentlich Interesse geweckt mehr darüber zu erfahren, und entsprechende Fachliteratur zu kaufen.

Mit Sicherheit ist nicht jeder meiner Meinung. Das ist mir durchaus bewusst. Es ist mir auch bewusst, dass ich mit meiner Meinung manchmal gewaltig anecke. Wer aber im Leben niemals irgendwo aneckt, hat sich immer nur gebückt.

Erfahrung heißt gar nichts. Man kann seine Sache auch 35 Jahre schlecht machen.
Kurt Tucholsky; deutscher Schriftsteller (1890 - 1935)

Ich mache darauf aufmerksam, dass die hier beschriebenen geschichtlichen Daten, aus zahlreichen Quellen aus dem Internet und aus Büchern zusammen getragen wurden. Die Funakoshi Zitate stammen zum Beispiel aus dem Buch „Karate-Do Nyumon" Dieses Buch erhebt nicht den Anspruch einer wissenschaftlichen Arbeit; sowie der Autor sich auch nicht als Karate-Forscher bezeichnet oder sieht. Dieses Buch beruht ausschließlich auf eigenen Erfahrungen.

Ich möchte noch klarstellen, dass das was hier geschrieben steht, ausschließlich die Meinung und die Erfahrung des Autor beschreibt, und nicht repräsentativ die Meinung eines Karatevereins oder Karateschule darstellt.

Da ich noch nicht alles bildlich darstellen kann, muss ich mich beim Aufzählen der Techniken an die Tafeln aus dem Katabuch von Albrecht Pflüger halten. Wer dieses Buch noch nicht kennt, muss es sich besorgen. Das ist Pflichtlektüre im Shotokan- Karate.

Worum geht es in diesem Buch?

Mit Karate kann man sich nicht richtig verteidigen.
So heißt es immer wieder.

Ich habe diese Arbeit veröffentlicht, um diesen Irrtum zu widerlegen. Karate war früher in Okinawa eine Kampfkunst, mit der man sich, unter anderem, auch gegen Straßenräuber verteidigen wollte. Wettbewerbe gab es nicht. Es gab aber Kämpfe, bei denen die Kontrahenten sich aufs äußerste forderten um am Ende zu sehen, wer noch aufrecht stehen konnte. Somit war diese Kampfkunst, im Laufe der Zeit, immer weiter perfektioniert worden. Im modernen Wettkampfzeitalter ging jedoch vieles wieder verloren.

Heute verbindet man wieder das „Alte" mit dem „Neuen". Das moderne Ergebnis dieser neuen zeitgemäßen Selbstverteidigungserkenntnisse sind *"Offizielle SV-Lehrer des DKV"*.
Somit findet Karate wieder langsam den Weg, den es einst gegangen war.

Der ursprüngliche Gedanke des Karate war Selbstverteidigung. Selbstverteidigung ist der wichtigste Aspekt des KARATE und der Ursprung des KARATE. Alle Kampfkünste wurden zuerst zum Zwecke der Selbstverteidigung geschaffen. Auch heute noch ist die Selbstverteidigung wichtig, und die meisten Leute möchten KARATE nur deshalb lernen.
Darum möchte ich mit dieser Arbeit wieder einiges ins rechte Licht rücken.

Sie werden sich wundern, aber ich brauche nur drei Dinge als Grundlage, um Karate richtig zu verstehen.

- Motorik und natürliche Reaktion.
- Kata
- Bubishi

Diese Punkte werden im diesem Buch beschrieben und miteinander verbunden. Aus diesen Zutaten einsteht
„Das Wahre Karate".

Allerdings muss man dann Kihon, Kata, Bunkai und auch Kumite etwas anders sehen.

Nach Altem forschen heißt das Neue verstehen.
Gichi Funakoshi

Selbstverteidigung im Karate? Ja, da war doch mal was.

Das notwendige Know-how und die entsprechenden Tools, zum Wiedererlernen der Selbstverteidigung im Karate, sind vorhanden. Das waren sie schon immer. Man muss sie nur wiederfinden.
Wie? Das wird hier, auf traditionelle Art und Weise, beschrieben.

Wichtig an der Stelle ist auch; wenn beschrieben wird, dass Karate nicht nur Training sondern auch Wissenschaft ist, darf man es mit dieser Wissenschaft auch nicht übertreiben. Denn das Eine funktioniert nur mit dem Anderen. Wissenschaftliche Erklärungen ohne praktische Erfahrung und Realität, kann vieles kaputt machen. Karate darf nicht auf dem Reißbrett oder zuhause vor dem Schlafzimmerspiegel verändert werden. Das ist der große intellektuelle Fehler, den wir manchmal in unserer hoch geschulten Zeit unterliegen.

Was ist Kampfkunst?

Diese Frage muss man sich heute wirklich stellen. Es gibt zahlreiche Leute, die Selbstverteidigung innerhalb des Karate (*wenn überhaupt*) nur als einen kleinen Teil oder als Beiwerk sehen. Viele von ihnen sprechen dem Karate sogar grundsätzlich jegliche Grundlage der Selbstverteidigung ab.

Sie behaupten aber, Karate sei eine Kampfkunst. Dann frage ich einmal:

Gibt es eine Kampfkunst, mit der man sich grundsätzlich nicht verteidigen kann?

Karate ist Kampfkunst. Wer die **„Kunst des Kampfes"** wirklich beherrscht, kann sich auch verteidigen. Karate ist nichts anderes als **„Kunst der Selbstverteidigung"**.

Selbstverteidigung wird heute tatsächlich nur noch als Nebenprodukt unterrichtet. Selbstverteidigung musste – *sofern man diese überhaupt im Karate gefunden hat* – dem Preiskampf weichen. Man lernt die wichtigsten Techniken intensiv und hart und dann; „Learning by Doing" nach Wettkampfregeln.
Da SV aber mehr ist als nur Kämpfen, fehlt hier einiges.

Das Karatetraining setzt sich heute aus **Kata, Kihon** und **Kumite** zusammen. Ja. und jetzt auch wieder **Selbstverteidigung**. Man spricht also von den:

Vier Säulen des Karate?

In dem Buch wird zwar noch genauer erklärt, warum das früher anders war. Ich möchte aber vorweg einiges zu Beginn richtig stellen. Meine Frage lautet:

Wenn Selbstverteidigung nur eine Vierte Säule, oder ein Zweig des Karate ist,
WAS IST DANN KARATE?

Karate stammt ursprünglich aus Okinawa. Dort war die Kata, Grundlage des gesamten Trainings. Kata war also das Fundament des Karate-Gebäudes.
(*Wenn man einmal bei dem Tempelvergleich mit den Säulen bleiben will*)

Heute glaubt man Kihon wäre das Fundament des Karate und Kata wäre nur eine Säule die darauf aufbaut.
Man sollte nicht das Pferd von hinten aufsatteln.
In diesem Buch werde ich beschreiben, warum das völlig falsch ist.

Das Fundament des Karate ist Kata.
Eine Kata ist eine Abfolge genau festgelegter Angriffs- und Abwehrtechniken in verschiedene Richtungen.

Heute erklärt man: *Kata ist ein Kampf gegen mehrere imaginäre Gegner.*
Ist sie eben nicht. Aber dazu kommen wir später noch.

Eine Kata beinhaltet das Wissen und die Kampfkunst der alten Meister, die
oft ein Leben lang an der Entwicklung ihres Kampfstils gearbeitet und
trainiert haben. Sie ist wie ein Buch, das ein alter Meister hinterlassen hat.
Wer eine Kata beherrscht, trägt das Buch der alten Meister immer mit sich.
Er muss es nur genau lesen. Die Kata bieten viele Trainingsbeispiele,
Grundschule und Kampftechniken. Dieses Wissen wurde vergessen.
Lesen Sie hier, wie man es wiederfindet!

1.   Kihon, Bunkai und Kumite

Natürlich muss man die notwendige Grundschule beherrschen, wenn man
Karate lernen will. Dazu sind ja eben die Kata- Techniken da. Man übt sie
einzeln; mit Partner und ohne Partner. Und wenn man genau hinschaut
erkennt man, dass die Kata viele Grundschulübungen enthalten.

Wenn man Kampftechniken und Kampfkombinationen aus den Kata mit
Partner übt, spricht dann von Bunkai. Man übt also
Selbstverteidigungsbeispiele und Selbstverteidigungstechniken.

Heute erklärt man es so:
*Wenn die Gegner beim Kata-Training nicht mehr „imaginär" sondern real
sind, spricht man von „Kata in Anwendung". Man spricht also von Bunkai.
Man läuft die gesamte Kata wie trainiert, nur jetzt mit angreifenden
Gegnern.*

Das ist aber nicht das ursprüngliche Ziel des Kata-Trainings. Ziel des Kata-
Trainings ist, die darin enthaltenen Techniken, die Kombinationen und die
Selbstverteidigung (Bunkai) zu erlernen. Dazu übte man jede Technik und
Kombinationen einzeln.
In der heutigen Zeit sieht Bunkai zwar oft spektakulär aus, aber in der
Realität funktioniert vieles nicht. Man versucht viel zu oft „zwangsweise"
etwas spektakuläres in die Kata hinein zu interpretieren. Dann sollte man
lieber das üben, was man versteht.

Kumite ist heute nur noch Wettkampf oder der Weg zum moderne
Wettkampf. In Okinawa nannte man das Kakedameshi. Doch das war
damals kein Wettkampf, sondern ein wirklich realer Test, wer und welcher
Kampfstil der bessere ist. Die haben sich wirklich echt verprügelt.

Kumite, Bunkai und Selbstverteidigung sind genau genommen, eigentlich das selbe. Jedenfalls haben diese „Säulen" das selbe Ziel.

Beim Bunkai gibt es immer einen Angreifer und einen Verteidiger. Außerdem wird Bunkai-Training auf Kata aufgebaut.

Beim Kumite gibt es immer – außer bei einfachen Übungen – zwei Angreifer. Also beide Kämpfer greifen an um zu gewinnen. Außerdem ist Kumite-Training nicht – oder nur wenig – auf Kata, sondern fast immer und fast überwiegend, auf wenigen Grundschultechniken aufgebaut. Kata wird also übergangen, weil es zu zeitraubend ist.

Daher wurde vieles übergangen und nicht weiter entwickelt. Auch viele Techniken aus den „Alten Okinawa Kata- Versionen" wurden nicht übernommen, nicht erkannt und nicht verstanden.

Und genau darum geht es hier. Es geht um die Weiterentwicklung, die Wiederentdeckung und die Wiederaufnahme des „alten Kata-Trainings" als Basis des Karate. Und es geht um die „alten vergessenen Techniken".

Aber, so vergessen sind die gar nicht. Im Internet bleibt heutzutage nichts verborgen. Mittlerweile tauchen Bilder von großen japanischen Shotokan-Meistern auf, die teils aus teuren Büchern stammen, in denen genau diese „vergessenen Techniken" erklärt werden.
(Introduction to Karate von Shingo Ohgami oder The Essence of Okinawan Karate-Do von Shoshin Nagamin)

Hm, hat man uns damals, als Wettkampf-Karate von Japan aus in die Welt getragen wurde, etwa etwas verschwiegen?

Man hat nicht nur einiges verschwiegen; man hat auch einiges anders wiedergegeben, als es im Grundgedanken des ursprünglichen Karate in Okinawa überliefert wurde.

Das alte Bunkai heißt: Kämpfe um dich zu verteidigen.
Das moderne Kumite heißt: Kämpfe um zu Gewinnen.

Denke nicht ans Gewinnen, doch denke darüber nach, wie man nicht verliert.
Gichi Funakoshi

Die vier Säulen des heutigen modernen Karate tragen das Dach des Karate-Do.

Doch was ist das Dach des heutigen Karate-do?
Na, Wettkampf und Olympiateilnahme.

Früher gab es keine Säulen. Es gab das Fundament; die Kata. Darauf stand das Haus: Der Weg des Karate-Do. Das Dach war, die Kunst, kämpfen zu können. Die Kunst sich selbst im Kampf verteidigen zu können. Die Kunst der Selbstverteidigung.
Also war Kata ursprünglich nicht auf Kihon aufgebaut, sondern Kihon auf Kata.

Du magst lange, lange Zeit üben, aber wenn Du nur Deine Hände und Füße bewegst und auf und ab hüpfst wie eine Marionette, dann ist das Karate-Studium nicht viel anders als das Tanzen lernen. Du wirst nie zum Kern der Dinge vordringen. Du wirst die Quintessenz von Karate-Do nicht begriffen haben.
Gichi Funakoshi

Die Entstehungsgeschichte des Karate

Doch bevor es weiter geht, erst eine kleine Reise in die Vergangenheit. Denn die Geschichte des Karate ist zu wenig bekannt.

Es war einmal in Okinawa.

Nach Altem forschen heißt das Neue verstehen.
Gichi Funakoshi

Wer das Geheimnis des wahren Karate sucht, befindet sich irgendwann auf den Spuren des Okinawa-Te. Daher müssen wir erst eine kleine Reise in die Vergangenheit Okinawas machen.

Viele Menschen glauben, Karate wäre in Japan entstanden. Doch das ist leider ein weit verbreiteter Irrtum.

Beginnen wir von vorne.

Der indische Mönch Bodhidarma wählte als Ziel seiner Pilgerreise ein Shaolinkloster in China. Dort unterrichtet er die Mönche im Zen-Buddhismus und in gymnastischen Kampfübungen. Mit seinen Lehren setzte er den Grundstein für die Entwicklung der späteren Kampfkünste Chinas. Über Handelsbeziehungen zwischen China und Okinawa breiteten sich chinesische Kampfkünste nach Okinawa aus.

Wenn man also die Frage stellt, wo Karate her stammt, muss man in Okinawa beginnen. Diese Insel gehörte nicht zu Japan. Karate ist in Japan erst zu Beginn des zwanzigsten Jahrhundert entstanden.

Karate stammt also ursprünglich aus Okinawa. Okinawa gehört zu einer Inselgruppe südlich von Japan. Die Nähe zu China hat Okinawa stark beeinflusst. Es war um das Jahr 1400, als die ersten chinesischen Einflüsse das alte grob zugeschnitzte Okinawa-Te zu verändern begann. Die Okinawa-Kampfkunst wurde zwar stark von Chinesischen Wushu beeinflusst. Man
sagt aber auch, dass auch japanische Kampfkünste schon sehr früh dort eingeflossen sind. Unter den Chinesen, die die Insel besuchten oder dort lebten, gab es einige große Kampfkunstmeister. Diese Meister beeinflussten die Kampftechnik der Okinawa-Kämpfer von Anfang an.

Im 14. Jahrhundert entstanden - aus örtlichen Zusammenschlüssen und nach vielen blutigen Kämpfen - drei rivalisierende Okinawanische Staaten: Hokuzan, Chuzan und Nanzan. Durch kluge Politik und mit der Unterstützung der Chinesen gelang es Sho Hashi die drei Okinawanischen Provinzen im Jahre 1429 zu einem Königreich zu vereinen.
Nachdem er seine Macht gefestigt hatte, ernannte er zunächst alle Mitglieder seiner Familie zu Fürsten und setzte sie als Regenten in den drei Regionen Okinawas ein. Im gleichen Jahr, verbot der neue König jeglichen Besitz von Waffen.

Es gibt allerdings heute auch Geschichtsforscher die das Waffenverbot anders erklären und interpretieren.

Durch das Waffenverbot wollte er seine Macht festigen. Er wollte dadurch verhindern, dass die zuvor geführten jahrelangen Gebietskriege der drei Regionen Okinawas wieder entbrannten.

Waffen zu tragen war damals ein reines Privileg des Adels und dadurch auch ein Statussymbol. Dieses Statussymbol war ihnen nun genommen. Durch dieses Waffenverbot wurde die Lage aber nicht besser.

Nach Unruhen und Rivalitäten kam im Jahre 1477 ein neuer König an die Macht, der aber sofort erneut das Tragen von Waffen verbot. Er ging jedoch weit über das alte Verbot hinaus und ließ sämtliche Metallwaffen auf der Insel beschlagnahmen. Diese Entwaffnung des gesamten Volkes brachte den Kampfkünsten ihren, bis dahin, größten Aufschwung.

Die Übungen der Kampfkünste, die zuvor schon weitgehend im Geheimen stattgefunden hatten, wurden noch weiter nach außen abgeschottet. Zugleich erlebte die Kampfkunst aber eine Blüte und Perfektionierung. Es wurde überwiegend Nachts an geheimen Orten trainiert.

Okinawa erblühte bis zum sechzehnten Jahrhundert sowohl kulturell als auch wirtschaftlich. Im Jahr 1609 erfolgte die Invasion durch den mächtigen Samurai-Clan der Satsuma. Die Satsuma Samurai, die von der Shimazu-Familie angeführt wurden, stammen von der südlich von Japan gelegenen Insel Kyushu. Damals verlor der Satsuma-Clan, im japanischen Bürgerkrieg von 1600, die entscheidende Schlacht gegen den Samurai-Clan der Tokugawa. Man erlaubte den unterlegenen Satsuma jedoch ihre Fürstengebiete zu behalten. Eines Tages wurde den Satsuma erlaubt, Okinawa zu erobern. So begann im Jahre 1609 auf Okinawa eine Herrschaft durch die Satsuma Samurai.

Dies war das erste Mal, dass die Insel unter fremde Herrschaft fiel. Die Satsuma-Besatzer herrschten hart und grausam, und einer der neu verkündeten Erlasse soll ein erneutes Waffenverbot, das diesmal für alle Okinawabewohner galt, enthalten haben.

Auch hier gibt es sehr widersprüchliche Angaben. Vor dem 17. Jahrhundert sind die Angaben eher dürftig und schwer zu beweisen.

Der König „Sho Nei" wurde gefangen genommen und nach Japan gebracht. Er musste mit der Tokugawa-Regierung einen Vertrag abschließen der besagte, dass Okinawa der Alleinherrschaft der Satsuma untersteht. Zwei Jahre nach der Invasion durfte er wieder nach Okinawa zurück. Er wurde wieder in sein Amt gesetzt, war aber eine Marionette der Satsuma.

Die Kampfkünste erhielten erneut einen enormen Aufschwung. Verschiedene Schulen und Stile trafen sich im Geheimen. Es wurde unter strenger Geheimhaltung in dem weitläufigen Höhlennetz der Insel zu Nachtzeiten trainiert. Die vereinten Kampfstile nannte man fortan "**Tode**". Es heißt, dass die Meister der Kampfkunst den Widerstand gegen Satsuma-Samurai aber auch Piraten und Räuber organisierten.

Auch hier gibt es erneut widersprüchliche Angaben. Es gibt Forscher, die von einem strikten Verbot der Kampfkunst sprechen; andere behaupten, dass das nicht so war. Der wirkliche Widerstand gegen die Samurai ist ebenfalls schwer zu beweisen und wird auch sehr oft kritisiert. Die Geschichte des Okinawa-Kobudo – also der Gebrauch solcher Bauernwaffen – ist jedoch, wegen des Waffenverbots, mehr als naheliegend.
Bauernwaffen gab es immer schon, auch in Europa. Eine Mistgabel eignet sich nun mal sehr gut als Waffe.

Man sagt, dass dies die Zeit war, in der tödlich effektive Kampftechniken eingeführt wurden. Ebenso wurden der Umgang mit unscheinbaren und als Landwirtschaftsgeräte getarnte Waffen wie das **Bo** (Stock), **Nunchaku** (Würgehölzer) und das **Tonfa** (Schlagstock mit Knauf) weiter perfektioniert. Die Samurai machten fortan jagt auf die Tode-Kämpfer, denn Waffen und Kampfkunst war bei Todesstrafe verboten. Die Samurai belegten die Bewohner Okinawas mit hohen Strafen. Okinawa erlebte eine furchtbare Schreckensherrschaft.

Wegen der Gefahr von den Satsuma-Samurai entdeckt zu werden, wurde Tode nur noch vom Meister an wenige Schüler weitergegeben, oder in den Familien dem erstgeborenen Sohn. Es gab weder Kampfkunstschulen noch wurde die Kunst in Schriftform oder anderweitig vermittelt. Tode wurde praktisch nur im Einzelunterricht gelehrt.

Ab hier sind die geschichtlichen Überlieferungen wieder genauer.

Erst im achtzehnten Jahrhundert entspannte sich die Herrschaft etwas. Die erste Samurai-Generation war Tod. Die neue Generation begann sich sogar mit der einheimischen Bevölkerung zu vermischen. Im neunzehnten Jahrhundert war die Schreckensherrschaft offenbar Geschichte.

Mit der Zeit etablierten sich große Kampfkunststilarten auf Okinawa. Und zum ersten Mal ist von Meistern die Rede, die Nachkommen der Satsuma Samurai waren.

Was ich an dieser Stelle noch einfügen muss ist die Überlegung, wo die Unterschiede des Okinawa-Kobudo und des Okinawa- Karate lagen. Kobudo war offenbar die Kampfkunst des einfachen Volkes. Karate wurde aber von den Chinesischen Gästen, auch an die Obrigkeit unterrichtet.

Ab hier muss man also anfangen zu trennen. Okinawa-Te wurde damals überwiegend von Angehörigen des Adels geübt. Dieser Adel profitierte von dem Wissen der chinesischen Gesandten.
Das einfache Volk übte ihre eigene Kriegskunst und Selbstverteidigung mit alltäglichen Gegenständen, und entwickelte daraus das heutige Kobudo.
Karate bedeutete in Okinawa: „**Chinesische Hand**". Nun müsste man also genauer erforschen, wo die Chinesische Kampfkunst am meisten unterrichtet wurde. Und man müsste erforschen, wie sehr das Wissen der Satsuma Samurai, in das modernere Okinawa-Karate eingeflossen ist.

Damals etablierten sich mehrere Stilarten:

Shuri-Te und Tomari-Te
Die Meister der Städte Shuri und Tomari standen im engen Kontakt. Sie werden deshalb unter dem Begriff Shorin-Ryu zusammengefasst.

Niigaki-Te
Zwischen Tomari und Naha lag noch der Ort Niigaki. Niigaki- Ryu wurde vom Kampfkunstmeister Aragaki Seisho, der in seiner Funktion als Übersetzer für Chinesische Sprache oft nach China reiste, gegründet. Zwischen Niigaki und Naha wurden ebenfalls Informationen ausgetauscht.

Naha-Te
Naha bildete zusammen mit dem später entstandenen **Uechi- Ryu** das Hauptsystem **Shorei- Ryu**. Begründet wird Uechi Ryu von UECHI KANBUN 1897-1910
Aber das **Tode** behielt jedoch bis ins neunzehnte Jahrhundert den Schleier des Geheimnisvollen. Bis zu diesem Zeitpunkt war Okinawa-Te eine Kriegskunst. Doch die Zukunft sollte diese Kriegskunst verändern.

Schließlich wurde Okinawa 1871, in der Regierungszeit Kaiser Meijis, politisch voll an Japan angegliedert. Das damalige Adelssystem Okinawas hatte sehr darunter zu leiden, und viele Adeligen verarmten völlig. Auch einige Okinawate-Meister waren davon betroffen. Im Zuge politischer Unruhen in Japan, fand auch der Satsuma-Clan 1877 in einer verehrenden Schlacht gegen japanische Regierungstruppen sein Ende. Der Film „Der letzte Samurai" berichtet davon.

Der Film weicht jedoch in einigen Details von dem wirklichen Geschehen ab.

Am Ende dieser Ära gab es immer noch Samurai, die wichtige Regierungsposten besetzten, oder auch hohe Offiziere der Regierungsarmee waren.

Die Erziehung und der Schulunterricht, von da an in japanischer Sprache, wurden sehr gefördert. Dies führte unter anderem dazu, dass es Meister **Itosu Yasutsune** (1830-1916), einem der großen Meister der Kampfkunst, erlaubt wurde, im Jahre 1905 ein kämpferisch entschärftes Okinawa-Te als offiziellen Bestandteil des Schulunterrichts einzuführen. Itosu lehrte fortan die fünf **Pinan (Heian) Kata**. Dies wurde aber von den alten Okinawa-Te Meistern nicht gerne gesehen.

Itosu galt als unbesiegbar. Er wurde auch "die heilige Faust" genannt. Als Japan sich immer mehr für "Okinawa-Te" interessierte, und die Kampfkunst der Okinawa-Kämpfer nicht mehr im Geheimen abgehalten werden musste, entstanden harmlosere Techniken und Kata, die man auch nach Außen hin präsentieren konnte. Aber auch schon auf Okinawa wurde die Kampfkunst den Schulen oder den eigenen Bedürfnissen angepasst.

Aber Meister Itosu Yasutsune war nicht der einzige Urvater des heutigen Karate. Die Liste ist lang und wir kommen noch auf einige Meister zu sprechen.

Eine kleine Liste finden Sie hier. Aber wie Eingangs schon erwähnt, ist dieses Buch kein genaues Forschungsobjekt. Für genauere Angaben empfehle ich entsprechende Fachliteratur.

Hier ist die kleine Liste nach **Name**, **Stil** und **Schüler** eingeteilt.

Matsu Higa   1700 / Kobudo / Takahara Peichin

Takahara Peichin 1683-1760 / Kobudo / Sakugawa Shungo

Sakugawa Shungo 1733–1815 / Shuri-Te / Okuda (Eisenmann), Makabe (Vogelmann), Matsumoto, Matsumura Sokon,

Yara Chatan 1760-?   Yara Yomitan, Kuniyoshi

Sokon Matsumura 1792- 1887 / Shorin- ryu / Itosu Yasutsune, Azato Anko, Matsumura Nabe (Enkel)

Oyadomari Kokan 1827-1905 / TomariTe / Oyadomari Kodai, Oyadomari Kotsu, Oyadomari Konin, Hokam Saikichi

Azato Anko 1827-1906 / Funakoshi Gichin, Ogusuku Chogo

Kosaku Matsumora (Koruku) 1829-1890 / Tomari- Te / Kyan Chotoku, Motobu Choki. /

Itosu Yasutsune   1830-1916 / Shuri-Te, Shorin-Ryu / Mabuni Kenwa, Funakoshi Gichin, Yabu Kentsu, Chotoku Kyan, Chibana Chosin, Chomo Hanashiro, Gusukuma Shinpan,

Aragaki Seisho (Arakaki) 1840-1918 / NiigakiRyu / Kanryo Higashionna,

Kanryo Higashionna (Higaonna)1853–1916 / Naha-Te, Shorei-Ryu / Kyoda Kohatsu, Miyagi Chojun, Mabuni Kenwa, Gusukuma Shinpan, Dr. Tsuyoshi Chitose (1898 – 1984 Gründer der Chito Ryu Karate)

Yabu Kentsu 1863- 1937 / Gima Makoto Shinkin

Berühmte Nachfolger und Gründer einiger bekannter Karatestilarten.

Name, Zeit, Stil , Schule
Funakoshi Gichin 1869-1957 Shotokan
Gima Makoto(Shinkin) 1896-1989 Gima-ha Shoto-Ryu
Mabuni Kenwa 1893 -1957 Shito Ryu
Miyagi Chojun, 1888- 1953 Goju Ryu
Hironori Otsuka 1892-1992 Wado Ryu
Kyoda Kohatsu 1887 -1968 Toon-Ryu
Chotoku Kyan 1870 –1945 Sukunai-Hayashi-Ryu
Chibana Chosin 1885-1969 Kobayashi-Ryu
Shoshin Nagamine 1907-1997 Matsubayashi-Ryu

Dr. Tsuyoshi Chitose 1898 -1984 Chito Ryu
Uechi Kanbun 1877-1948 Uechi Ryu
Soken Hohan 1889-1982 Matsumura Seito
Uehara Seikichi 1904-2004 Motobu-Ryu
Choki Motobu 1871-1944 Motobu-Ryu Kempo Karate

Ein paar kleine Geschichten berühmter Meister

Um später die Entwicklung des Karate besser analysieren zu können, müssen wir noch ein paar kleine Einblicke in die Biografie und die Geschichten einiger berühmter Meister des Okinawa-Te haben.

Motobu Choki

Motobu Choki wurde 1871 in der Okinawanischen Hauptstadt Shuri geboren. In der Familie Motobu wurde seit Generationen eine spezielle Kampfkunst weitergegeben. Diese Kampfkunst wurde so geheim gehalten, dass nichts nach außen dringen konnte. Außerdem durfte nur der älteste Sohn diese Kampfkunst erlernen, und das war leider nicht Choki. Verboten war, in dieser familiären Tradition, auch an Kämpfen teilzunehmen. Choki konnte sich mit all dem nicht abfinden, sodass er beschloss der beste von allen Okinawa Kämpfern zu werden.

Zunächst versuchte sich Meister Motobu als Raufbold, in dem er auf Veranstaltungen Streit provozierte. So sammelte er im Laufe der Zeit Erfahrungen. Er entwickelte seinen eigenen Kampfstil. Trotzdem war Choki immer auf der Suche nach einem Meister der ihn unterrichtete. Was ihm in der Familie verwehrt wurde, suchte er eben irgendwo anders. Wegen seinem schlechten Ruf, war das aber nicht so einfach. Zumal Motobu Choki mittlerweile ein guter Kämpfer war. Er war schnell und sehr stark.

Meister Tokumine Peichin war ebenfalls wegen seiner Rauflust berüchtigt. Er war schließlich bereit, Choki auszubilden. Dieser wurde aber später, nach einer Schlägerei mit mehreren Polizisten, auf eine Insel verbannt. Nun war er wieder ohne Lehrer. Einige Zeit später wurde er von Matsumura Kosaku als Schüler aufgenommen. Das aber nur, weil er unter falschen Namen Einlass in das Dojo fand. Seine wahre Indenditat soll jedoch nicht lange geheim geblieben sein. Seine Hartnäckigkeit hatte sich dann doch gelohnt. Die Meister des Okinawa-Te konnten ihn nicht mehr ignorieren oder immer weg schicken, gerade deshalb, weil er inzwischen ein guter Kämpfer geworden war.

1921 ging Choki nach Japan. Dann geschah etwas, was seinen Ruhm bis heute festigen sollte. Er besiegte einen ausländischen (westlichen) Boxer. Es war damals durchaus üblich, dass solche Boxer in Japan gegen alle boxten, die sich in den Ring trauten. Karate war zu dieser Zeit noch unbekannt in Japan. Choki stellte sich dem Boxer, der seinen Mund ziemlich voll nahm. Schließlich hatte der Boxer alle Japaner besiegt, die sich trauten mit ihm zu kämpfen. Choki war damals fünfzig Jahre alt. Sein Gegenüber war jünger und größer als er. Es soll in den Zeitungen Japans gestanden haben, wie er den Boxer mit einem speziellen Faustschlag hinter das Ohr besiegte. Obwohl der Mann aus Okinawa, in den Augen der Japaner, kein richtiger Japaner war, wurde er doch gefeiert.

Der Okinawaner Motobu konnte sich allerdings nie richtig in Japan einfinden; er mochte weder das Land noch seine Einwohner oder die Sprache. Für den ebenfalls in Japan weilenden bekannten Shotokan-Meister Funakoshi Gichin hatte Meister Motobu nur Verachtung übrig, da dieser seiner Meinung nach Karate unterrichtete, das zu schwach sei und okinawanische Wurzeln verrate. Motobu Choki forderte einige der großen Meister anderer Karatestile zum Kampf heraus. Es wird berichtet, dass er in seinem Leben nur einen bis höchstens drei Kämpfe verloren haben soll. Einen gegen seinen Bruder **Choyu,** einen gegen **Yabu Kentsu** und einen gegen **Itarashiki**. Aber diese Angaben sind sehr ungenau. Dass er gegen Choyu kämpfen durfte zeigt, dass Choki wohl dann doch noch Einblicke in diesen Kampfstil bekam.

1938 schließlich kehrte Meister Motobu nach Okinawa zurück. Auch im hohen Alter bestritt er noch aufsehenerregende Kämpfe, aus denen er als Sieger hervorging.

Sein Bruder Choyu wollte die Familienkampfkunst seinem Sohn Chomo weiter geben. Dieser zeigte jedoch wenig Interesse. Die Zeiten waren anders und im Umbruch. Er hatte wohl keinen Sinn gesehen in dieser enormen Anstrengung, mit der er außerhalb des geheimen Dojos nichts anfangen konnte oder durfte. Der Teejunge **Seikichi Uehara** durfte den

Kampfstil lernen, der viele Gemeinsamkeiten des Aikido in sich verbirgt. Dieser Meister hat bis ins hohe alter den Motobu-Ryu am Leben erhalten.

1944 starb Meister Motobu Choki in Naha.

Uechi Kanbun

Uechi Kanbun, wurde am 1877 als Sohn einer Bauernfamilie in Okinawa geboren. Um seine bisherigen Kenntnisse der Kampfkunst weiter zu studieren, und dem gehassten japanischen Militärdienst zu entgehen, ging Uechi im 1897 in die chinesische Provinz Fukien.
In China erlernt er, unter manchmal nicht einfachen Bedingungen, Chinesische Kampfkunst. Er erreichte dort eine hohe Meisterschaft.

Im Jahre 1909 soll einer seiner eigenen Schüler, bei einer Auseinandersetzung, ungewollt einen Bauern getötet haben. Es war für einen Mann aus Okinawa ohnehin schwierig, in China als Kampfkunstmeister anerkannt zu werden und unterrichten zu können. Uchi's Kampfkunst wurde, wegen seiner Gefährlichkeit, stark kritisiert, sodass er beschloss China wieder zu verlassen.

Aus Angst vor einer Verfolgung wegen Militärdienstverweigerung, lebte er jahrelang zurückgezogen als chinesischer Bauer in Okinawa. Er wollte nie wieder unterrichten, oder über Kampfkunst sprechen.

Gokenkein, ein ehemaliger Schüler Uechi's, versuchte erfolglos seinen Meister zu überzeugen wieder zu unterrichten. Eines Tages wurde Gokenkein in Naha in einen Kampf mit einem Karate-Meister verwickelt, den er auch gewann. Auch weitere Kämpfe hatte er gewonnen. Fortan galt er selbst als Kampfkunstmeister. Viele Bewunderer wollten seine Schüler werden. Er erzählt ihnen von seinem eigenen Meister, der unerkannt auf Okinawa lebte. Uechi's Tarnung war aufgeflogen. Als die ersten Interessenten auftauchten leugnete Uchi noch, der besagte Kampfkunstmeister zu sein. Dann musste er es doch zugeben. Er lehnte es aber weiterhin ab Kampfkunst zu unterrichten oder vorzuführen.

Der Druck auf ihn wuchs aber ständig an. Bei einer Volksfeier drängte man ihn dann so sehr etwas darzubieten, dass er schließlich die Kata Seisan zeigte.
Eine Kata zu können bedeutete damals, dass man sie nur von einem großen Meister unter größter Anstrengung gelernt haben konnte. Und

dieser Meister war oftmals nur anerkannt, weil er sein Können in Okinawa in Kämpfen beweisen musste.
Uchi Kanbun musste die Menge damals so begeistert haben, dass er von Meister Itosu eine Stellung im Lehrerkollegium des Okinawa-te angeboten bekam.

Es war wohl um 1924, als Kanbun nach Japan ging. Wieder einmal versuchte er seine Fähigkeiten zu verbergen. Doch das gelang ihm wieder nicht auf Dauer.

Es war ein Mann namens Ryuko Tomoyose der ihn drängte, wieder zu unterrichten. Nachdem Ryuko, Kanbun mehrfach um Hilfe gebeten hatte, wegen einer immer wiederkehrenden Konfrontation mit irgendwelchen Schlägertypen, beschloss Kanbun wieder diesen einen Schüler zu unterrichten.

Nach einiger Zeit brachte dieser Schüler es fertig, seinen Meister zu überreden weitere empfohlene Schüler aufzunehmen. Es heißt, dass überwiegend Leute aus Okinawa empfohlen wurden.

Uchi's Sohn kehrte Jahre später nach Okinawa zurück und leitete die Schule dort weiter.

Kyan Chotoku

Kyan Chotoku wurde in 1870 in Okinawa geboren. Seine Familie stammt aus einem alten Okinawanischen Adelsgeschlecht. Sie standen dem König von Okinawa sehr nahe. Sein Vater soll sogar ein Bediensteter der Königs gewesen sein. Sein Vater Chofu war selbst ein Kampfkunstexperte. Da Kyan sehr schmächtig und klein war, bat sein Vater andere Kampfkunstmeister um Hilfe. So genoss Kyan eine hervorragende Ausbildung in Okinawa-Te, von den Bekanntesten und fähigsten Meistern seiner Zeit.

Aufgrund des politischen Umbruchs im Jahr 1868 und den Beginn einer neuen Regierungsform im Kaiserreich Japan, verloren Bedienstete des Königshauses und Beamte auf Okinawa viele ihrer Privilegien. So auch die Familie von Kyan. Sie lebten fortan in Armut und Kyan Chotoku war gezwungen, „niedere" Arbeiten, wie das Ziehen von Rikscha und das

Züchten von Seidenraupen, anzunehmen. Trotzdem trainierte Kyan weiter seine Kampfkunst.

Später reiste Kyan viel umher und sammelte viel Erfahrung in der Kampfkunst.

Als junger erwachsener Mann war er mit seiner Kampfkunst schon anerkannt. So dass sich Kämpfe nicht vermeiden ließen. Kyan ging auch keinem Kampf aus dem Weg.

Kyan war ein Freund des Hahnenkampfes und ging oft zu kämpfen. Einmal nahm er Schüler mit. Diese wollten die Fähigkeiten ihres Lehrers testen und provozierten einen Streit mit einer Bande. Anschließend liefen sie davon und überließen das Kämpfen ihrem Lehrer, der seinen Hahn unter dem Arm hatte. Es wird berichtet, dass er bei dem Kampf, den Hahn unter dem Arm festhielt, sodass er nur mit den Beinen, und einem Arm die Bande in die Flucht schlug.
Ein weiterer berühmter Kampf, soll er gegen einen Judomeister gewonnen haben. Es heißt, dass er damals bereits 60 Jahre alt war.

Kyan war einer der angesehensten Meister des Okinawa-Te. Er war auch maßgeblich an der Planung und Eingliederung des Karate in Japan beteiligt, bei dem u.a. beschlossen wurde, die alten Zeichen für Karate (im Sinne von „China Hand") in neue Zeichen (im Sinne von „Leere Hand") abzuändern.

Nachdem er während des Krieges seine gesamten Lebensmittel an Bedürftige verteilt hatte, starb Kyan Chotoku 1945 im Alter von 76 Jahren in einer Ortschaft im Norden Okinawas am Hungertod.

Yabu Kentsu

Yabu Kentsu wurde 1863 auf Okinawa geboren. Er war Schüler von Itosu Yasutsune und Matsumura Sokon.

Yabu Kentsu war Meister Itosus Nachfolger an den Schulen Okinawas. Als Karate nach Japan kam, brachte er es, fast zeitgleich, in die USA und maßgeblich nach Hawaii.
Yabu Kentsu diente zuvor in der japanischen Armee als Sergeant. Auf den Schlachtfeldern perfektionierte er seine Kampftechnik. Als Mann aus

Okinawa hatte er es in der japanischen Armee nicht leicht. Okinawaner wurden dort als Menschen zweiter Klasse behandelt. Man erzählt sich, dass er sich mit seiner Kampfkunst hervorragend durchsetzen konnte. Nach einigen Kämpfen, bei denen es auch Schwerverletzte gegeben haben soll, wurde er zum gefürchteten Gegner.

Nach seiner Dienstzeit führte er den Militärischen Drill im Karate ein. Yabu war immer ein Vertreter des traditionellen, klassischen Karate und war ein absoluter Gegner des Sportkarates.

Yabu starb Shuri, Okinawa, 1937.

Okuyama Tadao

Okuyama Tadao lebte zur Zeit von Yoshitaka Funakoshi. Es wird berichtet, dass er sein Schüler war. Yoshitaka Funakoshi – der dritte Sohn des großen Meister Gichi Funakoshi – entwickelte noch vor der Entwicklung des Wettkampfkarate, ein sehr hartes und gnadenloses Karate. So war auch sein Training. Dieser harte Kampfstil wurde, in erster Linie, für die Armee entwickelt. So erfuhren die Kämpfer, dass sie ihr Training realistischer und härter gestalten mussten. Leider starb Yoshitaka 1945 nach längerem schwerem Lungenleiden. Tadao aber trainierte weiter und begann sich später, mit den Instruktoren des damaligen JKA, über die Ausführung und das Training der Grundtechniken zu streiten. Er sah keinen Sinn in weiten Ausholbewegungen. Nach seinen Erfahrungen war das Training sehr realitätsfremd. Tadao war ein brillanter Kämpfer. Er bewies auch mehrere Male, bei Herausforderungen, dass sein Kampfstil der Bessere war. Schließlich zog es sich für längere Zeit zurück. Trotz seines hohen Ansehens und seinem respektvollen Kampfstil, konnte auch er die japanische Grundschulentwicklung nicht korrigieren. Später erlernte er noch eine Form des Aikido; weil er den damaligen Meister – ein Neffe des Aikido Gründers – nicht besiegen konnte.
Die größten Karatekämpfer sprechen heute noch voller Respekt von seinen Kampfkünsten. Er war seinen Gegnern meist weit überlegen.

***

Als Karate nach Japan kam

Gichin Funakoshi

Im Jahr 1868 wurde Gichin Funakoshi (1868 - 1957) in Okinawa geboren. In seiner Familie wurde die Kunst des Stockkampfes weitergegeben. So wurde auch er, schon in seiner Jugend, mit Kampfkunst konfrontiert. Azato Anko Peichin (1827-1906) und Itosu Yasutsune waren maßgeblich an der Entwicklung von Funakoshi's Kampfkunst beteiligt.

Nach einer Karatevorführung in Okinawa, wurde Gichin FUNAKOSHI 1921 nach Japan eingeladen. Das an Kampfkunst sehr traditionsreiche Japan, interessierte sich sehr für das Okinawa-Karate. Die Japaner konnten nun endlich die Kampfkunst der Okinawa-Kämpfer, die Jahrhunderte lang im Geheimen trainierten, kennen lernen.

Funakoshi war ein Mann der den Frieden liebte und Auseinandersetzungen aus dem Weg ging. Es gab andere Okinawa-Kämpfer, (wie Motobu Choki) die Funakoshi's Trainingsstil für schwach hielten. Auch der große Kyan Chotoku galt, wie Motobu, als einer der größten Kämpfer der damaligen Zeit. Viele Jahre später, hat sich Funakochi's Karate in Japan und in der Welt am meisten durchgesetzt. Sein Stil nennt man "Shotokan-Karate".

Funakoshi war vielleicht einer der berühmtesten Karatelehrer die aus Okinawa stammten. Er war aber nicht der einzige "Okinawa-Te Experte" in Japan. Gogen Yamaguchi, der später ein Schüler von Chojun Miyagi wurde, lernte schon früh Karate von einem Zimmermann namens Maruta, der aus Okinawa stammte. Auch der große Kampfkunstmeister und erfolgreiche Kämpfer Chotoku Kyan soll schon vor Funakoshi in Tokio gewesen sein. Befasst man sich mit Biografien alter Okinawa- Meister die in Japan eingewandert sind, stößt man auf weitere Namen wie: UECHI Kanbun, Kenwa Mabuni und Motobu Choki.

Kenwa Mabuni (1893-1957)

entwickelte den Shito-Ryu-Stil. Er unterrichtete dieses System auf Okinawa und machte auch häufige Besuche in Japan. Er war erst 13 Jahre alt, als er mit dem Training des Shorin-ryu unter Meister Itosu Yasutsune begann, wo er als erstes die Kata Naihanchi lernte (Später gewandelt in: Tekki Shodan, Nidan, Sandan). Sieben Jahre später wurde der mittlerweile 20 Jahre alte Mabuni von seinem Freund Miyagi Chojun, dem späteren Entwickler des Goju-ryu, zu Meister Higaonna Kanryo gebracht, der ihm das Shorei-ryu lehrte. Im Jahre 1929 kam er endgültig nach Osaka, um Karate zu unterrichten. Shito-Ryu ist heute einer der vier größten Karatestile Japans.

Der Goju-Ryu-Stil
lässt noch am deutlichsten den chinesischen Ursprung erkennen. **Chojun Miyagi**, (1888-1953) der ebenfalls aus Okinawa stammt, studierte chinesisches Boxen (Shaolin Chuan und Pa Kua Chuan). Er war ein Schüler des Meisters Higaonna Kanryo. Miyagi nannte seinen Stil, Goju-Ryu. 1929 kam er auf Einladung von Gogen Yamaguchi nach Kyoto. Später ernannte er Yamaguchi zu seinem Nachfolger in Japan. Unter dem Namen Goju-Ryu stellte Miyagi sein Karate 1930 beim Butoku- Fest im Butoku-Kan in Kyoto vor. Er entwickelte die Kata Sanchin.

Der Wado-Ryu-Stil
wurde von **Hironori Ohtsuka** gegründet. Er begann 1922 mit dem Karatetraining bei Gichin Funakoshi. Er hatte allerdings auch vorher schon bei alten Meistern in Okinawa trainiert. In der Folgezeit entwickelte er seinen eigenen Karatestil, indem er das Karate, das er bei Funakoshi gelernt hatte, vor allem mit Ausweichbewegungen des Jujutsu kombinierte und auch sonst Bewegungen entwickelte, die "körperfreundlicher" waren. Die Bewegungen sind kleiner, die Stellungen kürzer.

Erwähnen sollte man noch das Kobayashi Ryu. Diese Stilart wurde 1920 von dem schon zu Lebzeiten legendären Meister CHIBANA CHOSHIN gegründet. Dieser hatte seit seinem 15. Lebensjahr unter Meister Itosu gelernt, bis Itosu 1915 starb.

Dann gibt es noch **Matsubayashi Ryu** (Shoshin Nagamine 1907- 1997). **Matsumura Seito** (Soken Hohan geb. 1889). Und noch einige mehr. Diese alle zu beschreiben ist hier kaum möglich.

Es gab sicher viele Meister aus Okinawa, die japanischen Schülern nicht alle Kata-Geheimnisse offenbaren wollten oder durften. Was jahrhundertelang geheim gehalten wurde, sollte nun plötzlich den Japanern offenbart werden? Es klingt schon sehr naiv, wenn man das wirklich glauben mag. Selbst Bruce Lee hatte Probleme, als er begann Kung Fu der Welt zu präsentieren. Beim Training in Japan präsentierte man den japanischen Schülern nur einen Teil der Schatzkarte. Dass es noch eine zweite Hälfte gab wussten die Japaner nicht.

Als Karate nach Japan kam, musste auch der Chinesische Einfluss verborgen werden. Darum wurden Kata und Techniken stark verändert. Auch einige Namen von Kata mussten geändert werden. Dies geschah aber nur in der Schule von Gichi Funakoshi.

Okinawa-Te wurde als Kriegskunst entwickelt und angewandt. Da man damals allerdings keinen Krieg mehr mit dem Schwert führen konnte, entwickelte sich Kriegskünste, wie Kenjutsu (Kampfkunst der Samurai) zu Kendo. Das hatte zur Folge, dass Karate viel besser zu dem ehrenvollen Kendo passte, als Jiu Jitsu. Dazu musste Karate aber angepasst werden. Auch das Streben nach den neuen Graduierungen veränderten die Entwicklung des Karate.

Die neue Zeit veränderte auch Kata. Diese Kata wurden aber schon in Okinawa von Itosu Yasutsune verändert, um sie für die Öffentlichkeit vorzubereiten. Manchmal wurden Kata aber auch aus Unwissenheit verändert. Sicher ist aber, dass nicht alle Lehren der Okinawa-Meister in Japan verbreitet wurden.
Dennoch kann man aus den heutigen Kata vieles heraus lesen; wenn man sich die Mühe macht. Man sollte nur endlich aufhören sie zu verändern.

Zitat:
Wenn man sich in der Kata übt, muss man ihren Sinn verstehen. Man darf sich nicht von der Technik als solche täuschen lassen und muss zwischen Jodan, Chudan und Gedan gut unterscheiden. Training ohne Verständnis des Kata-Sinns ist umsonst.
Kyan, Chotoku. (1870 - 1945) Okinawa-Te Meister.

Die Japaner waren mit dem Karatetraining Funakoshis nicht zufrieden. Gichin Funakoshi kam damals aus Okinawa, um das damalige "Okinawa-Te" auch in Japan zu lehren. Allerdings schickten die alten Okinawa-Te Meister mit Funakoshi einen Lehrer, der die Geduld der Japaner auf eine harte Probe stellte. Sie waren vom Judo, Kendo, Jiu Jitsu und Sumo gewohnt zu kämpfen. Für Funakoshi Sensei war Karate aber keine aggressive Kriegskunst, sondern diente der Gesunderhaltung des Körpers und der Selbstverteidigung. Außerdem musste man sehr geduldig sein, wenn man etwas von ihm lernen wollte.

Yoshitaka Funakoshi – ein Sohn von Gichi Funakoshi – entwickelte in der zweiten Generation ein sehr aggressives Karate. Allerdings sind die Berichte darüber sehr dürftig, weil er es, Berichten zu Folge, für das Militär entwickelte.
Nach dem Zweiten Weltkrieg lag das japanische Karate ebenfalls in Trümmern. Einige der ältesten Schüler Funakoshis (Nakayama, Nishima und Obata) forderten nun die Einführung von Wettkampftraining und die bessere Vermarktung des Karate durch Wettkämpfe. Nakayama Masatoshi gründete 1949 die "Japan Karate Association" (JKA) um Karate als Wettkampfsport zu verbreiten. Funakoshi verweigerte Nakayama seine Unterstützung. Trotzdem ernannte ihn die JKA zum Ehrenausbilder. Auf diese "Ehre" verzichtete Funakoshi allerdings.

Karate-Do und Wettkampf waren für Funakoshi nicht zu vereinbaren. Er wollte nicht einmal Trainingskämpfe. Sein Training bestand überwiegend aus dem endlosen Wiederholen von Kata und dem Schlagen des Makiwara (Schlagpfosten).
Und, obwohl die alten Okinawa-Te Meister der Ansicht waren, dass man in einem Leben höchstens fünf Kata intensiv bis zur Perfektion beherrschen kann und deren Kampfaspekte auch versteht, lehrte Funakoshi Anfangs fünfzehn Kata; später sogar dreißig.

Vielleicht sollte man sich an dieser Stelle noch einmal an das Zitat von Kyan Chotoku erinnern.
Training ohne Verständnis des Kata-Sinns ist umsonst.

Ein wirklich nennenswerter Nachfolger von Meister Funakoshi, der auch die inneren Werte der Kampfkunst gemeistert hatte, war **Shigeru Egami.**
Egami sagte einmal, dass er erst im Alter von 40 Jahren begann, Karate wirklich zu verstehen.

Die Generation, die mit Kämpfen im Kendo, Judo etc. aufgewachsen war, konnte mit dieser Art Training nichts anfangen. So musste Gichi Funakoshi – und auch Mabuni und Miyagi - dem Drängen der Wettkampfbegeisterten Japaner nachgeben. Egami hingegen entfernte sich immer mehr von den Vorstellungen junger Kämpfer. Der Weg seines Meisters wurde bei ihm "Shotokai-Karate" genannt.

Aber auch **Nakayama** war später mit der Entwicklung des Wettkampfkarate nicht so ganz glücklich, wie man in seinen Büchern lesen kann. **Nakayama Masatoshi** (1913 - 1987) war ein hochrangiger Meister des Karate-Do. Nach seinem Tod wurde ihm der 10. Dan-Grad verliehen. Zu lebzeiten hatte er diese Graduierung abgelehnt. Er standardisierte Techniken, Übungsformen und Kata. Er führte auch Kata sowie Kumite als Wettkampfdisziplinen ein.

Zitat:
Der Wunsch alleine Wettkämpfe zu gewinnen ist schädlich, weil dabei die ernsthaften Bemühungen zu kurz kommen, die zum Erlernen der Grundlagen einfach notwendig sind.

Kendo-Karate

Irgendwann haben alle Völker dieser Welt die Erfahrung gemacht, dass man auf dem Schlachtfeld, Mann gegen Mann, keine Kriege mehr führt. Schwerter, Pfeil und Bogen waren Waffen, mit denen man nichts mehr anfangen konnte. Diese Erfahrung haben auch die Samurai machen müssen. Es begann die Zeit, in der ihre Kampfkunst des Schlachtfeldes versportlicht wurde. Das hatte durchaus seine Vorzüge. Es wurde nicht mehr auf Leben und Tod gekämpft; nur um festzustellen wer, und welche Kampfkunst, besser ist. Das war aber auch die Zeit, in der die reale Selbstverteidigung manchmal verloren ging. Dabei wäre es wichtig gewesen, die alte Kriegskunst aufrecht zu erhalten. Denn einige Kriege finden heute auf der Straße statt.

So entstand aus Kenjutsu (Schwertkunst), unter anderem, das moderne Kendo. Aus dem Okinawa-Karate wurde Sport-Karate. Aus dem alten französischen Duell Fechten, wurde eine Olympische Punkte-Disziplin.

Bei all diesen Veränderungen der Kampfkunst muss man beachten, dass es im Wettkampf nicht um Leben und Tod, sondern allenfalls um Verletzungen geht. Manchmal geht es sogar nur um Punkte. Das verändert den Kampfstil natürlich etwas in Richtung des Unrealistischen. So ging das „Alte Wissen", und die geduldige Art Kampfkunst zu lernen, langsam verloren.

Die neue Kampfkunst aus Okinawa hatte etwas besonderes. Die japanischen Kampfkunstmeister sahen viele Gemeinsamkeiten mit ihrem Kendo. Das beweisen die (Karate) Kumitebücher von Nakayama. Mehrmals zitiert er den großen Samurai Miyamoto Musashi. Dort heißt es unter anderem:

Wenn man nahe zum Gegner vorgedrungen ist und dessen Langschwert abwehren muss, kann man mit dem eigenen Kurzschwert einen Schlag zu den Augen ausführen und dabei das gegnerische Langschwert nach rechts ablenken.

Oder,
Wenn sich das Schwert des Gegners und das eigene Schwert beinahe berühren, stößt man, ohne das Schwert auch nur anzuheben, mit höchster Kraft zum Gegner vor.

Oder,

Führt der Gegner sein Schwert mit einem langen Rhythmus, verwendet man einen kurzen Rhythmus.

Beschäftigt man sich etwas mit Kendo, erkennt man tatsächlich Gemeinsamkeiten. Wenn man Videos von Hirokazu Kanazawas Kämpfen sieht, erkennt man die anfänglichen Ähnlichkeiten. Mit herunterhängenden Armen zog er in die zahlreichen Wettkämpfe und schlug einen Gegner nach dem Anderen.

Man muss solche Künste irgendwo lernen. Von ihrem Meister Funakoshi hatten sie das jedenfalls nicht gelernt.

Gichi Funakoshi zeigte seinen Schülern nur Kata. Da die Japanischen Schüler darin noch keinen Sinn erkannten, langweilte sie das Training schnell. Flexibilität, Ausdauer, Schnelligkeit und Kraft war ihnen nicht genug. Und um den Sinn der Kata zu erkennen, waren sie nicht geduldig und aufmerksam genug. Sie suchten immer gleich den Kampf.

Es entstand die erste Grundschule und die ersten Kumiteübungen. Diese ersten Grundschultechniken reichten den Japanern schon aus, um Wettkämpfe zu planen. Danach war der Weg frei, um Karate so zu modernisieren, dass man Kendokämpfe ohne Waffe üben konnte. Der Karatewettkampf entstand.

Allerdings ist zeitgleich mit Japan, ist Karate auch über Hawaii nach Amerika gelangt. Große Okinawa-Te Experten gingen diesen Weg.

Die Kampfbewegung in Japan war ähnlich wie im Kendo. Die Voraussetzungen schnell und wendig zu sein, waren in beiden Disziplinen Voraussetzung um siegen zu können.

Da Kendokämpfe aber nur eine Sekundensache sind, dürfte nun klar geworden sein wo die Fehlentwicklung des modernen Karate liegt. Das Kendokarate ist nicht auf längere Kämpfe anwendbar. So wie es trainiert und angewandt wird, muss man seinen Gegner möglichst schnell, hart und gezielt treffen und kampfunfähig machen. Kann man das, ist man ein extrem gefährlicher Gegner. Gelingt das nicht, hat man ein Problem. Und genau dieses Problem zieht seit Jahrzehnten durch die modernen Karatedojos. Die japanischen Kämpfer hatten offenbar nicht erkannt welche Perfektion hinter dieser Kampfkunst steckt. Sie waren zu sehr von sich selbst, und ihrer Kampffähigkeit überzeugt. Motobu Choki war ein Kämpfer, der noch die alte Okinawa Kampftechnik beherrschte. Er war eine Legende.

Nakayama entwickelte das „Neue Shotokan Wettkampfkarate". Und wieder musste Gichi Funakoshi hilflos zuschauen, wie man sein Karate veränderte.
Die Karategeschichte wurde also auch von Kendo- Großmeistern wie, Nakayama Hakudo (oder Hiromichi), oder Konishi Yashuhiro beeinflusst.

Aus dem Okinawa-Te, das Funakoshi mitbrachte, wurde die Chinesischen Einflüsse entnommen. Karate wurde „Japanisiert" und mit Kendo gemischt, um eine neue Wettkampfstil zu entwickeln. Selbstverteidigung hatte keine Priorität.
Es ging um Kämpfen und Siegen.

Dennoch entstand in Japan eine neue Kampftechnik, die ihren Vorteil im richtigen Timing und in der Schnelligkeit findet, die man im Kendo erlernen kann. Da die meisten Okinawa-Te Meister Nachkommen der Satsuma-Samurai waren, muss man auch annehmen, dass Meister wie Itosu Yatsune das alte Okinawa-Te Ihrer Kampferfahrung anpassten.

Für Gichi Funakoshi, und die anderen Meister, wäre es leichter gewesen Einsteins Relativitätstheorie zu widerlegen, als Wettkampf und Kendo aus den Köpfen der Japanern zu bekommen. Heute suchen viele Karatekämpfer wieder verstärkt nach Selbstverteidigung.

Die Geschichte der Kata

Hier möchte ich etwas über die Geschichte einiger Kata berichten. Ich nenne überwiegend die Shotokan Namen der Kata. Die alten Namen, oder die original Namen wie sie heute noch im Shito-Ryu oder Wado-Ryu benannt werden, stehen dabei.

Heian / Pinan

Die Heian Kata (Friedvoller Geist) wurden aus den Pinan Kata entwickelt, die noch heute in einigen Karate-Stilarten trainiert werden. Die Pinan-Kata wurden von 1902 bis 1907 von dem Okinawa-Te Meister Itosu Yasutsune (1830-1916) in die Schulen Okinawas eingeführt. Einige Stimmen behaupten Itosu habe alle 5 Kata aus den Kata Passai und Kushanku geschaffen. Es wird jedoch auch berichtet, dass Matsumura Sokon (1797-1889 Itosu's Sensei) die Pinan 1 und 2 erschaffen hat, die ursprünglich Channan genannt wurde. Es ist die Rede von einem chinesischen Diplomaten Ciang Nan, der in Shuri wohnte. Man nimmt an, das Sokon Matsumura diese Kata von ihm übernahm.
Wie es mit Pinan Sandan, Yondan und Godan genau weiter ging ist nur schwer zu ermitteln. Fest steht allerdings, dass Itosu später fünf Schülerkatas unter dem Namen "Pinan" unterrichtete.

Funakoshi änderte später den Namen Pinan in Heian. Es gab in der Pinan-, sowie in der Heian-Version die Varianten Shodan,
Nidan, Sandan, Yondan und Godan. Wobei man, wenn man einmal die Unterschiede erforschen will, aufpassen muss, dass man die Pinan Shodan und die Pinan Nidan nicht verwechselt. Funakoshi hielt es nämlich für besser, aus der Pinan Nidan die Heian Shodan und aus Pinan Shodan die Heian Nidan zu machen.
Für alle Shotokan-Trainierenden Karateka ist es sehr wichtig, auch die Pinan-Kata zu kennen. Denn Funakoshi hat in den Heian-Kata die Grundstellungen verändert, weil diese zu Beginn eines Karatetrainings besser zu trainieren sind. Er machte eigentlich „Kihon Kata" daraus, wie es manchmal in anderen Stilrichtungen genannt wird. Dabei hat er aber den

Sinn und Bunkai der Pinan-Kata mit verändert. Diese Veränderungen waren aber wichtig, um das Okinawa-Karate besser an die Japanischen Bedürfnisse anzupassen. Die Heian Kata lernt man vom 8. Kyu gelb bis zum 4. Kyu blau. Das ist so in dem Shotokan- wie auch im Stiloffenen Prüfprogramm. Die Pinan Kata sind heute noch im Shito-Ryu und im Wado-Ryu enthalten.

Tekki, Naihanchi, Naifanchin

Die Tekki Kata wurden von Sensei Itosu aus der, aus China stammendenden, Naihanchi entwickelt. (Eisenreiter, Seitwärts kämpfen) Ein chinesischer Experte des Quanfa namens ASON, der im 18. Jahrhundert lebte, wird als erste Linie benannt.
Die Naihanchi war in den verschiedenen Okinawa-Stilen weit verbreitet. Bevor die Pinan-Kata entwickelt wurden, war diese Kata oft die erste Form, die ein Schüler lernte.
Die ursprünglich sehr lange und schwierige Kata wurde von Itosu in drei unabhängige Kata (Shodan, Nidan und Sandan) geteilt, bzw. neu entwickelt. Leider wurde die Kata auch technisch stark abgeschwächt und verändert.
Man muss heute sehr intensiv suchen, um eine Naihanshi zu finden, die vermutlich der original Kata nahe kommt.
Über Itosu wurden dann die drei geänderten Naihanchi Kata an Funakoshi weitergegeben, der ihnen den Namen Tekki gab.
Die Tekki Shodan ist aus der Naihanchi Shodan entstanden. So baute man beispielsweise bei der Technik 16 einen langsamen Handrückenblock ein, der früher nie gemacht wurde. Es existiert heute noch ein Video im Internet aus dem Jahre 1924, in dem Gichin Funakoshi die Tekki Shodan ohne dieses langsame Ausholen zeigt. Hier hat wieder jemand, nach Funakoshi, "nachgebessert". Interessant hier; die Ausführungen anderer Stilrichtungen, bzw. die Naihanchi Shodan Version.
Die Tekki Shodan wird im Shotokan- und im Stiloffenen- Prüfprogramm zum 3. Kyu braun verlangt. Tekki Nidan im Shotokan: 2. Dan. Im Stiloffenem Karate: 4. Dan. Tekki Sandan im Shotokan: 5. Dan. Im Stiloffenem Karate: 4. Dan. Im Shito- Ryu nennt man die Kata auch Naifanchin

Bassai

Die Bassai hatte früher den Namen "Passai" , (Die Mauern zerstören, Die Festung erstürmen). Die Passai ist eine uralte Kata, deren Geschichte nur schwer nachvollziehbar ist. Man spricht sogar von zwei unterschiedlichen Versionen der Passai. Eine Variante geht über die Okinawa-Familie Oyadomori.
Oyadomari Kokan (1827 - 1905). Diese Linie geht bis zu Meister Chotoku Kyan (1870 - 1945) und dessen Nachfolger. Eine andere Variante geht über den Okinawa-Te Meister Matsumura Sokon (1797-1889). Er soll die Kata seinem
Schüler Itosu Yasutsune (1830-1916) gelehrt haben. Der Okinawanische Shuri-te Meister Itosu Yasutsune entwickelte aus der Matsumura no Passai die Bassai-Sho, so dass heute die zwei Arten, Bassai-Dai und die Bassai-Sho, geübt werden.
Bassai wird nur in den Stilen die von der Itosu-Schule abstammen, in den zwei Arten - Dai und Sho geübt. Allerdings gibt es auch da wieder Unterschiede. So unterscheidet sich die Shotokan Bassai Sho und Dai in einigen Techniken von der ursprünglichen Itosu-Version. Auch hier wurde in der Shotokan Bassai Dai wieder diese langsame Ausholbewegung zum Handrückenblock in Technik 27 ausgeführt, die es in der sehr ähnlichen Shito-Ryu Version nicht gibt. Aber auch die Bassai Sho anderer Stilrichtungen sind nicht mehr Original Itosu.
Die Bassai Dai wird im Shotokan- Prüfprogramm für den 2. Kyu gefordert. Im Stiloffenen-Prüfprogramm wird die Kata erst, unter anderem, beim 2. Dan verlangt.

Kanku Dai, Kanku Sho / Kushanku

Der Ursprungsname dieser Kata ist Kushanku. Die Kushanku (Kosokun, Kwanku, Kanku) ist nach dem Namen ihres chinesischen Überbringers benannt. In Japan wurde sie später in in "Kanku" umbenannt (Blick in den Himmel).
Die Kata Kushanku verbreitete sich von Anfang an in zwei unterschiedlichen Formen. Der Chinesische Kampfkunstmeister Kushanku, kam als Mitglied einer Delegation von Abgesandten des chinesischen Ming-Kaisers 1756 nach Okinawa, wo er sich bis 1762 aufhielt. Kushanku lehrte diese Kata zwei Schülern: Sakugawa Shungo (1733 - 1815) und Yara Chatan (1740 - ?).

Sakugawa lehrte diese Form unter anderem seinem Schüler Matsumura Sokon, der sie an seine Schüler Itosu und Azato weitergab. In der Itosu-Schule entstanden wieder verschiedene Varianten. Die Kata lernte Funakoshi allerdings von seinem langjährigen Meister Azato. Gichi Funakoshi, lehrte dann später die Kata Kanku Dai und Kanku Sho. Funakoshi orientierte sich später an Itosus Lehrplan, als er Karate nach Japan brachte.
In der zweiten Übertragungslinie wurde die Kushanku von Meister Yara Chatan, über seinen (vermutlichen) Enkel Yara Yomitan, und Schüler Kuniyoshi bis zu Kyan Chotoku weitergegeben. Kyan gab diese Kata nahezu unverändert an Nagamine Shoshin, Gründer des Matsubayashi-Ryu weiter, wo sie heute noch gelehrt wird.
Kanku-Dai war eine bevorzugte Kata von Sensai Gichi Funakoshi.
Sie wird im Stiloffenen Karate zur Erlangung des 1. Kyu-Grad gefordert und ist auch eine der Wahlkatas für die 1. Kyu- Prüfung im Shotokan-Programm. Die Kanku Sho wird erst, in beiden Programmen, zum 2. Dan gefordert.

Empi / Wanshu

Der alte Name der Empi ist Wanshu (auch Enpi - Flug der Schwalbe)
Es heißt, dass ein Chinesischer Abgesandter namens Sappushi Wanshu 1683 nach Okinawa kam und diese Kata nach Tomari mitbrachte. Dort wurde sie lange Zeit unterrichtet und gelangte in die Schule von Kosaku Matsumora (1829-1890). Eine Richtung geht über Meister Kyan Chotoku. Es heißt oft, dass dort die Kata unverändert weiter gegeben wurden. Ob das wirklich immer zutrifft kann man anzweifeln. So unterscheidet sich die Wanshu im Matsubayashi-Ryu in einigen Details von den anderen Stilrichtungen. Auf Okinawa gab es bereits verschiedene Ausführungen, was die Technik 31 - 33 betrifft. Der Handballenblock wird und wurde nicht überall gemacht. Wer diesen Block eingeführt hat, und ob er noch der original Wanshu entspricht ist nur schwer zu ermitteln. Selbst die Ausführung dieser Blocktechnik wird nicht überall gleich gezeigt. Es gibt auch die Form, in der nicht von oben nach unten, bzw. umgekehrt geblockt wird, sondern mehr in der Art einer Uchi Uke und Gedan Barai Bewegung. (Tan-Sau, Kung Fu)
Durch Matsumura Sokon soll die Wanshu in die Itosu-Schule und somit in den Shotokan-Zweig gelangt sein. Den späteren Namen "Enpi" bekam die Kata von Funakoshi Sensei in den 1930er Jahren.

Die Empi ist neben der Tekki Shodan, eine Wahlkata zum erlangen des 3. Kyu-Grad im Stiloffenen Karate. Im Shotokan- Programm ist sie eine der Wahlkatas zum 1. Kyu und wird erst zur Erlangung das 1. Dan gefordert.

Jion, Jitte, Ji'in

Der Name Jion (Früher: Jion-Ji) bedeutet "Tempelklang" oder "Liebe und Güte". Jion gehört mit Jiin und Jitte zu einer Gruppe. Man weiß allerdings sehr wenig darüber. Man geht davon aus, das die Kata sehr alt ist, und bis zu den Anfängen der Kampfkünste zurückreicht. Die Kata soll aus dem Jion- Tempel in China stammen. Sie wurde offenbar von der Tomari-Gegend aus verbreitet. Einige Stimmen gehen davon aus, dass die drei Kata früher einmal zusammen gehörten, und später getrennt wurden.

Obwohl die Jion in den einzelnen Stilrichtungen sehr ähnlich praktiziert wird, ist es dennoch interessant die Unterschiede zu erforschen.

Im Shotokan-Programm ist die Jion ab dem 1. Kyu eine der Wahlkata und wird zum 1. Dan gefordert. Im Stiloffenen Karate beginnt man mit der Jion beim Training zum 2. Kyu-Grad.

Der alte Name der Ji'in ist Shokyo. (Liebe und Schatten) Meister Itosu und Meister Funakoshi schenkten dieser Kata keine größere Beachtung. Die Gründe dafür sind unbekannt. Es heißt, dass die Unbeliebtheit dieser Kata bis heute anhält.

Sensei Kanazawa lehrte die Technik 16 und 21 anders. Uchi Uke und Gedan Barai macht er dort genau anders herum, wie zu Beginn der Jion. Im Shito-Ryu wird es so gelehrt. Die Kanazawa-Version hat sich im Shotokan allerdings nicht sonderlich durchgesetzt.

Die Jiin wird im Shotokan-Programm zum 2. Dan gefordert und im Stiloffenen Karate erst ab dem 4. Dan

Der alte Name der Jitte ist Jite oder Jute. (Zehn Hände, Tempelhand) Es heißt, dass diese Kata gegen Angriffe mit den Stock (Bo) geübt wird. Durch die Form der Technik wurde der Name der Kata auch in Verbindung mit einer japanischen Waffe Namens Jitte gebracht, die den Sai ähnlich ist. Das würde auch die Eröffnungstechniken erklären, die in ähnlicher Weise in die Empi integriert wurde. Allerdings ist diese Technik im Shito- Ryu weniger deutlich ausgeprägt und sie unterscheidet sich auch in wichtigen Details von der Ausführung, die im Wado- Ryu gezeigt wird. Ansonsten ist die Kata der einzelnen Stilrichtungen sehr ähnlich.

Von der Jitte ist nicht sehr viel bekannt. Ihre Spuren führen auf Funakoshi und Mabuni Kenwa zurück. Die Jitte wird im Shotokan-Programm zum 3. Dan gefordert und im Stiloffenen Karate ab 4. Dan

Hangetsu, Seishan

Der alte Name der Hangetsu war Seisan, Sesan oder Seishan. (Halbmond, Dreizehn Hände) Es gibt zwei Linien, die von China nach Okinawa führen. Meister Higashionna hatte vermutlich eine Variante der Seisan von Aragaki Seisho gelernt. Miyagi übernahm diese Form in sein Goju-Ryu. Es heißt auch, das eine andere Form durch Sokon Matsumura- gelehrt wurde. Über Itosu gelangte sie dann später vom Shorin-Ryu ins Shotokan-Ryu, wo sie von Funakoshi in Hangetsu unbenannte. Die Seisan wird heute in vielen Stilarten gelehrt. Man findet sie u.a. im Shito-Ryu, im Shorin-Ryu im Uechi-Ryu, und sogar im Goju-Ryu. Die Kata wurde in vielen Stilrichtungen angepasst. Die Okinawa-Versionen scheinen der Shotokan-Version noch am ähnlichsten zu sein. Wer ein Problem mit dem Bunkai dieser Kata im Shotokan hat, sollte sich die Shorin-Version und die Kyudokan Seisan einmal ansehen. Es existiert sogar ein Video des lange geheim gehaltenen Okinawa-Familienstils Ryuei-ryu, der erst ab 1970 in die Öffentlichkeit gelangte. Auch diese Form ist der Shotokan-Version durchaus ähnlich. Die langsamen Techniken am Anfang gibt es nur im Shotokan. In den anderen Stilrichtungen werden ähnliche Techniken schnell ausgeführt. Aber gerade wegen dieser besonderen Atmung und Spannung, ist die Shotokan-Version etwas besonderes und in ihrer Art einzigartig, Die Hangetsu ist eine Wahlkata im Shotokan-Programm für den 1. Kyu-Grad, und wird zum 1. Dan gefordert. Im Stiloffenen Prüfprogramm ist die Hangetsu erst ab dem 4. Dan eine der Wahlkatas.

Gankaku, Chinto

Der alte Name der Gankaku ist Chinto. (Kranich auf dem Felsen, Seite des Sonnenaufgangs) Die Chinto ist eine sehr alte Kata. In dieser Kata erfolgt ein Wechsel von schnellen, fließenden Bewegungen in eine vollkommene Ruhe. Man vermutet, dass die Gankaku in ihrem Ursprung mit der Chinte verwandt ist. Es sollen Verbindungen zu dem Chinesischen Kranich-Stil geben.

Der Tomari-te Meister Kosaku Matsumora soll auch bei einem Chinesischen Schiffbrüchigen namens Anan oder Chinto gelernt haben. Von dort kam sie bis zu Meister Chotoku Kyan. Ebenfalls aus dem Tomari-te übernahm sie Meister Yasutsune Itosu ins Shuri-te. Aus dieser Schule gelangte sie in die japanischen Stile. Die Gankaku (bzw. Chinto) die aus der Itosu Schule stammen (Shito-Ryu, Wado-Ruy und Shotokan-Ryu), ähneln sich sehr in der Ausführung. Im Shorin Ryu sowie im Matsubayashi Ryu erkennt man deutlichere Unterschiede. Dort vermisst man auch den Wechsel zwischen langsamen und extrem schnellen Techniken. Auch die Kranichstellung ist kaum zu erkennen. Die Kata wird dort im gleichen Rhythmus durchgezogen. Die Gankaku ist im Shotokan Programm ab dem 3. Dan vorgesehen. Im Stiloffenen Programm ist sie eine der Wahlkatas für den 2. Dan

Sochin

Der alte Name der Sochin ist Hakko. (Ruhige Kraft, Stärke und Ruhe) Diese Bezeichnung wird heute jedoch nicht mehr gebraucht. Die Sochin ist offenbar eine alte geheime Familienkata. Es gibt die Geschichte, dass Meister Aragaki die damals geheime Kata, nach langem und unaufhörlichen Drängen, von einem unbekannten Mann lernte. Er soll ihm die Kata jedoch nicht richtig beigebracht haben. Sie soll daraufhin von Aragaki Seisho (1840- 1918) unterrichtet worden sein. Eigenartig ist die Ähnlichkeit der Anfangstechniken im Shito- Ryu mit der Seisan (Shotokan Hangetsu). In dem Buch "Karate do Nyumon" von Gichi Funakoshi wird berichtet, dass sein Sohn Yoshitaka (auch Gigo genannt) die Kata auf Okinawa von einem alten Mann richtig lernte. Sie wurde danach von Funakoshi Yoshitaka in den Shotokan-Stil gebracht und anschließend verbreitet. Der alte Mann soll froh gewesen sein, dass sein Wissen nicht für immer verloren ging. So gibt es heute mehrere Varianten dieser Kata. Sehr interessant ist auch die Version des Chito-Ryu (Gründer Dr. Tsuyoshi Chitose 1898 - 1984). Er lernte u.a. bei Okinawa- Te Meistern wie, Aragaki Seisho, Choyu Motobu, Chotoku Kyan und Kanryo Higaonna. Die einzelnen Versionen haben so gut wie nichts gemeinsam. Die wichtigste Grundstellung im Shotokan dieser Kata ist der Sochin-Dachi oder auch Fudo-Dachi. Die Sochin ist im Stiloffenem- und im Shotokan Programm ab dem 3. Dan gefordert.

Meikyo / Rohai

Der alte Name der Meikyo war Rohai. (Reinigen des Spiegels)
Die Ursprungskata Rohai ist eine alte Shorin-Ryu Kata und stammt ursprünglich aus der Tomari Gegend. Später gelangte sie auch in die Shuri-Gegend. Man weiß allerdings nicht wann und wie die Kata nach Okinawa gelangte. Es gibt von ihr heute noch verschiedene Ausprägungen.
Itosu Yasutsune änderte die Ursprungskata in die Rohai Shodan, Rohai Nidan und Rohai Sandan. Wobei man nicht genau weiß was er neu hinzuerfunden hat oder nur aus der alten Rohai heraus teilte.
Die Meikyo, die es heute im Shotokan gibt, soll aus Itosus "Rohai Reihe" stammen. Es soll sich um eine Version der Rohai Nidan handeln. Somit hat die Meikyo nichts mehr gemeinsam, mit der ursprünglichen Rohai. Daher sollte man sich nicht wundern, wenn man die Rohai nicht mit der Meikyo vergleichen kann.
Die Beschreibungen der Kata, wie sie von Nakayama und Kanazawa in ihren jeweiligen Büchern beschrieben werden, unterscheiden sich ebenfalls in einem Detail. Nakayamas Version ist wohl die ältere, wie man an uralten Videos von Meister Funakoshi sehen kann. Kanazawa hielt es wohl für überflüssig die Gedan Barai vier Mal zu machen und hat statt dessen eine Age Uke Kombination hinzugefügt. Wer heute Ähnlichkeiten der Rohai und Meikyo sucht wird sich sehr wundern. Die Kata sind mittlerweile grundverschieden.

Chinte

Ein anderer Name der Chinte ist Chinti oder Chintei, was "Seltene Hand" bedeutet.
Man vermutet, dass die Chinte in ihrem Ursprung mit der Gankaku (Chinto) verwandt ist. Das lässt sich aber nicht eindeutig beweisen.
Sie soll von Matsumura Sokon an Itosu weitergegeben worden sein. Ihre chinesische Herkunft ist unbekannt. Es wird auch berichtet, dass ein chinesischer Gesandter die Kata unterrichtete, diese aber nicht bis zum Ende beherrschte. Man sagt, dass die Kata nie ganz den Meistern auf Okinawa gezeigt wurde. Daher kämen die drei Sprünge am Ende der Kata.

Es existiert eine Waffe im Okinawa-Kobudo mit dem Namen Chinte. Diese Waffe wird auch manchmal mit der Urform der Chintei in Verbindung gebracht; ähnlich der Jitte.
Die Chinte ist in anderen Stilrichtungen nicht so weit verbreitet. Videos findet man z.B. unter dem Namen: Kyudokan Chinti.
Funakoshi Sensei änderte diesen Namen in "Shoin" . Dieser wurde aber später wieder in Chinte umbenannt. Ein Merkmal dieser Kata sind Techniken die sehr selten und sehr gefährlich sind. Deshalb auch der Name "seltene Hand".

Wankan

Für die Wankan gibt es mehrere Bezeichnungen. Offenbar ist Matsukaze, die bekannteste. Früher wurde sie auch Wankuan, Shofu oder Hito genannt.
Ursprünglich stammt die Kata aus der Schule des Tomari-Te, von Matsumora Kosaku (1829 - 1898).
Es wird vermutet, dass es sich bei der Wankan des Shotokan um eine späte Entwicklung von Gichi Funakoshis Sohn Yoshitaka handelt. Yoshitaka Funakoshi hat die Kata grundlegend anders gelehrt, als die alte Okinawa Version. Wer Ähnlichkeiten in den Versionen anderer Stilrichtungen sucht, sucht vergebens. Dort wird die Kata völlig anders gelehrt. Lediglich die Rückwärtsbewegungen erinnern noch etwas an die Ursprungskata. Man hat bei der Shotokan-Version den Eindruck, dass - wie bei der Meikyo - eine Ursprungskata gelehrt wurde, die man entweder nicht richtig beherrschte, oder völlig falsch übermittelt wurde. Dennoch werden der Shotokan- Wankan wundersame Techniken nachgesagt, die man nur schwer erlernen könne. Man fragt sich immer wieder, ob damit auch wirklich die Shotokan-Version gemeint ist. Tatsache ist, dass die Shotokan-Version die kürzeste Kata mit nur einem Kiai ist.

Nijushiho / Niseishi

Die Nijushiho nannte man früher Niseishi. (Vierundzwanzig Schritte). Sie soll aus der Niigaki-Schule vom Kampfkunstmeister Aragaki Seisho stammen, woraus auch schon die Unsu und die Sochin stammen sollen.
Durch Mabuni Kenwa gelangte die Kata zuerst nach Japan. Ins Shotokan kam die Kata durch Nakayama Masatoshi. Er lernte sie, als er als Begleiter

von Funakoshi im Shito-Ryu Dojo in Osaka bei Kenwa Mabuni zu Gast war. Nijushiho soll ihren Ursprung im chinesischen Baihequan (Weißer-Kranich-Stil) haben. Sie wurde von Kampfkunstmeister Aragaki Seisho, der in seiner Funktion als Übersetzer für Chinesische Sprache des Ryukyu-Hofes oft nach China reiste, nach Okinawa gebracht. Sie wird in einigen Stilrichtungen wie Wado-Ryu unter dem alten Namen Niseishi gelehrt, wo sie auch genau so wie im Shotokan ausgeführt wird. Offenbar wurde an dieser Kata nicht viel geändert.

Gojushiho

Die Gojushiho nannte man früher Useishi. (Vierundfünfzig Schritte, Phönix) Funakoshi Sensei nannte sie auch "Hotaku" (Spechtklopfen).
Die Gojushio-Kata ist eine der ältesten Kata. Sie soll von Sokon "Bushi" Matsumura aus China eingeführt worden sein und von Itosu weiterentwickelt zu den Varianten Dai und Sho. Sensei Kanazawa änderte die Gojushio-dai und Gojushio-shô namentlich um. Aus "Sho" wurde "Dai" und aus "Dai" wurde "Sho". So sorgte er, bis zum heutigen Zeitpunkt, für Verwirrung. Seine Änderung hat sich allerdings nicht sonderlich durchgesetzt.
Eine weitere Version dieser Kata wurde in Tomari-te geübt. Obwohl die Kata ebenfalls einiger Änderungen unterliegt, kann man doch deutliche Ähnlichkeiten unter den einzelnen Stilrichtungen erkennen.

Unsu (Unsu - Hand in den Wolken)

Die Unsu ist eine Okinawanische Kata die aus chinesischen Systemen abgeleitet, und neuzeitlich verändert wurde. Sie soll wahrscheinlich aus der Niigaki-Schule von Kampfkunstmeister Aragaki Seisho stammen. Sie wurde erstmals im Karate Kempo Buch von Funakoshi, erschienen 1922, erwähnt. Deshalb gilt sie als sehr junge Kata. Jung ist aber nur die neue veränderte Shotokan-Version. Wenn man im Internet nach der Kata forscht, fragt man sich was denn hier nun wieder falsch gelaufen ist. Die Okinawa-Unsu unterscheidet sich völlig von der Shotokan- Unsu. Die Shito-Ryu Unsu ist der Shotokan-Version etwas ähnlicher. Wer aber nach den Kampfaspekten einer Unsu sucht, sollte entweder die Shito-Ryu Version studieren, oder gleich die Okinawa Shorin-Ryu Version. Die Shotokan-Version erscheint mir eher als eine athletische Wettkampfkata bei denen sogar die alten Okinawa-Meister kopfschüttelnd fragen würden, was das soll.

Es gibt noch wesentlich mehr Kata aus anderen Stilrichtungen bzw. aus der Geschichte des Okinawa-Te. Es wurden aber auch sehr viele Kata neu entwickelt. Die meisten neuen Kata wurden im Shito Ryu entwickelt. Auf deren komplette Aufzählung können wir hier jedoch im Moment verzichten. Es geht auch nur darum, die Geschichte einiger Kata zu beschreiben.

Taekwondo und Karate

Sogar im Taekwondo sind Karatekatas übernommen worden. Dazu gehören auch die fünf Pyong-Ahn Kata (Hyong). Cho Dan, Ee Dan, Sam Dan, Sa Dan, Oh Dan. Diese entsprechen den fünf Heian Kata aus dem Shotokan Karate. Auch Bassai- Hyong und Naihanchi-Hyong (Tekki), findet man dort. Dies kommt offenbar daher, weil Japan in der ersten Hälfte des zwanzigsten Jahrhunderts, Korea besetzte. Man kann jedoch auch annehmen, dass sich die Asiatischen Kampfkünste gegenseitig beeinflussten. So ist nicht auszuschließen, dass auch Taekwondo-Techniken in das frühe japanische Karate eingeflossen sind. Obwohl Taekwondo, in der neueren Form, erst in den fünfziger Jahren entstanden ist, besteht die „Alte Koreanische Kampfkunst" doch schon viel länger. Natürlich gab es gravierende Unterschiede. Auf Okinawa kannte man beispielsweise kaum schwierige Fußtritte. Diese sind erst später ins japanische Karate eingeflossen. Diesbezüglich könnte die Koreanische Kampfkunst eine nicht mindere Rolle gespielt haben. Wenn man auf der Landkarte sieht wie nahe die Länder beieinander liegen, muss ein kultureller Austausch stattgefunden haben. Man hat voneinander und miteinander gelernt und Erfahrungen ausgetauscht. Fest steht, dass Gichi Funakoshi auch Koreanische Schüler hatte, die später eine nicht mindere Rolle im Taekwondo spielten.

Viele Köche verderben den Brei

Warum wurden so oft uralte Kata, die ihre Wurzeln in China hatten, nach der Einführung in Japan innerhalb der kurzen Zeit von etwa 20 Jahren, so grundlegend verändert? Nun, ein Teil der Antwort auf die Frage liegt in der leidvollen Geschichte Okinawas.

In den Schulen der alten Okinawa-Meister hatten nur wenige interne Schüler Kenntnis über die wahren Geheimnisse der Kata. (d.h. die Schlüssel für den Zugriff auf ihren inneren Sinn) Es gab keine schriftlichen Aufzeichnungen. Man konnte auch nicht in die Bücherei gehen und ein Katabuch kaufen. Man konnte auch nicht auf Katalehrgänge gehen. Nichts war organisiert oder standardisiert. Darum war es schwer die Kata immer einheitlich zu trainieren.
Wenn wir heute Kata üben, können wir sofort in Büchern nachsehen ob es richtig war, was wir trainierten. Auf Okinawa stand der Meister oft alleine da. Er hatte die Kata irgendwo gelernt und gab sie nun weiter. Aber aus Erfahrung weiß man, wie schnell sich Fehler einschleichen. Man bemerkt die Fehler nicht, und schon wird diese Variante dem Meister zugesprochen. Techniken wurden verändert, ohne dass es die Meister bemerkten. Es war aber auch so, dass die Meister oft ihre eigene Variante absichtlich einbauten. Das ist ja heute auch so. Wenn man das nicht innerhalb der Karateverbände organisiert hätte, wäre es noch wesentlich schlimmer. Bei den vielen Dojos gäbe es tausend verschiedene Arten der Kata. Die Passai ist eine uralte Kata. Dort sieht man beispielsweise, wie unterschiedlich sie in den Okinawaschulen trainiert wurde.

Als Karate nach Japan kam, hatten die neuen Karateschüler nicht die Geduld Kata so intensiv zu trainieren, wie es auf Okinawa üblich war. Man lernte Kata buchstäblich über Nacht und gab sie dann in den eigenen Schulen weiter. Dass es daher, in der Anfängerzeit des Japanischen Karate, zahlreiche Neuerungen und Fehler in den Kata gab, war unvermeidlich.
Bereits Itosu Yatsune veränderte und verharmloste Kata. Es entstand ein neues Karate, das eigens für die Öffentlichkeit geschaffen wurde. Und,

obwohl Gichi Funakoshi die Kampfkunst Azatos beherrschte, lehrte er in Japan nur das veränderte Karate aus der Itosu Schule. Vergleicht man die Kata der Stilrichtungen mit den alten Versionen, erkennt man bereits die Änderungen der Stilrichtungs-Gründer. Manchmal erkennt man eine Stilrichtungsfremde Kata sofort, wenn sie auch etwas anders gezeigt wird. Es gibt aber auch Kata, die so gut wie nichts mehr gemeinsam haben. Nur noch die gemeinsame Geschichte scheint sie zu vereinen.

Der Weg der Kata erinnert mich an ein altes Gesellschaftsspiel. Ich glaube man nennt es „Stille Post". Einige Leute sitzen in einer Runde und der erste flüstert seinem Nebenmann etwas ins Ohr. Der sagt es wieder seinen Nachbarn, usw. Am Schluss kommen manchmal lustige Dinge heraus, die sich vom ersten Satz völlig unterscheiden. In der Version der Kata kommt noch etwas wichtiges hinzu: Hier nehmen wir einmal zwei Gruppen mit je zehn Mitspieler. Nur die erste Gruppe versteht Englisch, die anderen Gruppe kann kein Wort Englisch. Nun wird dem jeweilig ersten Mitspieler der Gruppen ein Satz in Englischer Sprache ins Ohr geflüstert. Was glauben Sie, Liebe Leser, was für ein Kauderwelsch am Ende der Gruppe heraus kommt, die kein Englisch versteht? Und genau so ist es, wenn man eine Kata weitergibt, ohne die Kampfaspekte der Kata zu verstehen. Zu Kampfaspekten und Bunkai kommen wir später noch.

So muss es auch mit den Kata gewesen sein, die nach Japan gebracht wurden.

Es hat den Anschein als wären im Shotokan-Karate die meisten Kata verändert worden; was, nicht unbedingt immer schlecht sein muss. Doch auch in anderen Stilrichtungen wurde vieles verändert; sodass man heute nur schwer nachvollziehen kann, wessen Kata der Ursprungskata am nächsten kommt.
Um die Kampfaspekte besser zu verstehen wäre es jedoch sinnvoll, die Änderungen der Stilrichtungsgründer, und die Ursprungskatas zu kennen. Dann kann man auch ergründen, worum es den Gründern der Kata eigentlich wirklich ging. Aber auch Bunkai selbst sollte noch einmal neu definiert werden.
Dazu später mehr.

Änderungen die willkürlich aus Wettkampfgründen später eingeflossen sind, sind für Karate sinnlos und irrelevant. Man kann den Kampfrichtern nur raten, solch willkürliche Änderungen mit Punktabzug zu bestrafen. Im Training kann man eine Kata vielseitig verändern; da ist es auch sinnvoll.

Aber die Grundlage muss stehen und darf nicht verändert werden. Und schon gar nicht auf einem Turnier.

Nun könnte man meinen, dass, nach **Nakayama,** die Kata nicht mehr verändert wurden. Obwohl in anderen Stilrichtungen immer noch die Pinan Kata, statt den Heian Kata gelehrt werden, blieben auch sie nicht ganz von Änderungen verschont. Im Shotokan Karate wurde oft nachgewürzt und verändert.

Als Karate nach Deutschland kam.

Mit **Jürgen Seydel** fing in Deutschland alles an.

1955 erfuhr Seydel durch einen Artikel in einer französischen Zeitschrift von dem bis dahin in Deutschland unbekannten Karate. 1959 gründete er das erste Karate-Dojo Deutschlands in Bad Homburg. Hier lehrte er aus einem Lehrbuch von Henry Plee und mit dem Wissen, das er sich auf Lehrgängen angeeignet hatte. 1959 bestand er die Prüfung zum 1. Dan. Bis 1965 war er damit der einzige Karate-Danträger Deutschlands. Seydels prominentester Schüler war der in Deutschland stationierte G. I. Elvis Presley.

Jürgen Seydel wurde für seine Verdienste rund um das Karate in Deutschland von Bundespräsident Richard von Weizsäcker mit dem Bundesverdienstkreuz ausgezeichnet.

Albrecht Pflüger ist ein weiterer deutscher Karatepionier und einer der ersten Karateka in Europa.

Aber auch **Fritz Nöpel** war ein Karatepionier. Nach einem längeren Aufenthalt in Japan, kam er 1967 nach Deutschland, mit dem 4. Dan in Goju Ryu, zurück und gründete die erste Goju Ryu Schule.

Im August 1963 besuchte Albrecht Pflüger das 14-tägige Karate-Seminar von Jürgen Seydel in Bad Godesberg. 1964 wurde Pflüger Präsident des Deutschen Karate Bundes (DKB). Im April des selben Jahres gründete der damals 23-Jährige Braungurt (im Judo und Karate) eine Kampfsport-Abteilung beim Turnerbund Leonberg. 1965 hat er bei den JKA-Lehrern Kase, Kanazawa, Enoeda und Shirai die Prüfung zum 1. Dan Shotokan-Karate bestanden.

Die Bücher von Albrecht Pflüger kennt heute jeder Karateka. Seine Kata-Tafeln sind in Massen im Internet verbreitet.

Auch **Hanskarl Rotzinger** und **Bernd Goetz** zählen zu den ersten Karatepionieren in Deutschland.

Im Jahr 1968 kam **Sensei Hirokazu Kanazawa** (geb. 1931 Japan) als erster hauptamtlicher Bundestrainer von der JKA nach Deutschland. Sensei Kanazawa kehrte 1970 nach Japan zurück. 1970 trat **Hideo Ochi** die Nachfolge Kanazawas an. Seit damals wurde wieder viel an den Kata in Deutschland geändert.

Kanazawa änderte schon vieles. In seinem Kata-Video bzw. seinen Büchern sorgte er deshalb, bis zum heutigen Zeitpunkt, für Verwirrung.

Es ist schlimm genug, wenn man einfach an diesen alten Kata herumschraubt, wie an einem alten Auto. Wenn man aber dann nicht nur die Techniken, sondern auch noch die zeitlichen Phasen willkürlich ändert, kann das eine alte Kata vollkommen zerstören.

So haben im Shotokan große Meister vieles geändert. Es fühlten sich auch später viele Karatemeister dazu berufen, Kata einfach zu ändern. Im Jahr 2002 wurden in Deutschland die Heian- Kata, Empi und Bassai-Dai, wieder zurück geändert und an internationale Standards angepasst.

Die Kata darf nicht verändert werden, im Kampf jedoch gilt das Gegenteil
Gichin Funakoshi (Gründer des Shotokan-Karate)

Dieses Zitat muss man aber erst einmal verstehen. Wer diese Worte verstanden hat weiß, wie man Kata trainieren muss. Auch dazu später mehr.

Bevor wir zu den Verbindungen der Kata, Kata-Bunkai und Bubishi kommen, müssen wir uns noch mit einigen Dingen vorweg beschäftigen.

Das fehlende Bindeglied

Um besser zu verstehen warum Kata so wichtig sind. Müssen wir uns noch etwas ausgiebiger mit der Grundschule (Kihon) befassen. In diesem Buch wird mehrfach darauf hingewiesen, dass im „wahren Leben" nach der Grundschule eine weiterführende Schule folgt. Funakoshi hatte die Grundschultechniken aus den bestehenden Kata herausgesucht, um Anfänger in großen Gruppen besser trainieren zu können.

Außerdem war es wichtig, diesen Anfänger erst einmal ein paar grundlegende Dinge beizubringen, bevor sie Kata trainierten.

Das wurde zu unseren Zeiten – ab dem Beginn des Karate in Europa – bis zum Jiyu-Ippon Kumite in Form der Grundschulübungen auch so trainiert.

Dann folgt aber ein direkter Sprung zum Jiyu Kumite.

Jiyu Kumite kann man als freier Kampf verstehen. Jiyu Kumite wird aber in unseren Zeiten oftmals nicht frei, sondern in Wettkampfregeln und Wettkampfverhalten gepresst. Das ist dann aber kein Kämpfen mehr, im Sinne von „Frei" und Selbstverteidigung".

Dass hier etwas fehlt, ist schon anderen großen Karateleuten aufgefallen, wie **Patrick McCarthy**, der sich mit der Karategeschichte Okinawas intensiv befasst hat und erkannte, dass in dieser Lücke auch sogenannte Flow-Drills trainiert wurden.

Flow-Drills sind Übungen mit dem Ziel, Bewegungsabläufe zu automatisieren. Flow-Drills sind Übungen, die Grundschultechniken (Kihon-waza), mit Kampftechniken (Jiyu- waza) verbinden sollen. Aber dazu kommen wir gleich noch.

In den nächsten Kapitel befassen wir uns mit den Grundschultechniken und mit der Frage, warum nicht alle diese Techniken für den wahren Kampf wirklich geeignet sind.

Techniken am Sandsack oder im Kampf

"Wenn du mir einen Namen gibst, verneinst du mich, in dem man mir einen Namen, eine Bezeichnung gibt, verneinst du all die anderen Dinge, die ich vielleicht sein könnte. Du beschränkst das Teilchen etwas zu sein, in dem du es fest nagelst, es benennst, aber gleichzeitig erschaffst du es, definierst es, zu existieren. Kreativität ist unsere höchste Natur, mit der Schaffung der Dinge, entsteht auch Zeit, welche die Illusion in der Solidität erschafft."
Søren Kierkegaard 1813-1855
dänischer Philosoph, Theologe und Schriftsteller

Kihon (Grundschultechnik) darf nicht verändert werden. Im Kampf gilt das Gegenteil.

Ein großer Unterschied zum alten Okinawa-Te liegt in der Grundschule. In Okinawa gab es die Grundschule, nach japanischem Beispiel, nicht. Sie befassten sich sehr lange und ausgiebig mit Kata. Die zu trainierenden Techniken sind in der jeweiligen Kata enthalten und wurden – mit einigen wenigen Schülern - auch möglichst vielseitig und realistisch trainiert. Sie wurden ausschließlich so trainiert, dass sie auch realistisch funktionierten. Zwar manchmal erst im Takt, aber dann doch realistisch.
In Japan hat man ein paar Techniken aus den bekannten Kata herausgepickt, sie standardisiert und ausgiebig trainiert. Diese Techniken nützen aber „im Rohzustand" nicht viel. Sie nützen nur etwas, wenn man sie für den Wettkampf (und die damit verbundenen Regeln) weiterentwickelt. Wenn man die Technik am Sandsack übt, kann man alles technisch mögliche tun, um die größte Wirkung zu erzielen. Das ist dann meist unsere Grundschule. Die Parallele zur effektiven Kampftechnik muss in einigen Fällen etwas angepasst werden. Oder sollte man von „wieder angepasst" sprechen?

Itosu Yatsune hat angefangen die Vielseitigkeit einiger unterschiedlicher Techniken in den Passai-Versionen des alten Okinawa-Karate, durch Shuto-Uke zu ersetzen. Darum blicken wir zurück, zu den alten Kata.

Kihon in Okinawa, gab es eigentlich, in dem Sinn, gar nicht. Man trainierte die Techniken aus der – oder den wenigen – Kata des Meisters. Diese Techniken waren vielseitig und schwierig zu erlernen. Darum hat man sich auch sehr lange mit wenig Kata beschäftigt.

Kihon in Japan war, im Vergleich, weniger vielseitig, wurde standardisiert und entstand aus vielen verändert entschärften Kata. Die Techniken sind einfacher zu erlernen, sind aber in der Realität weniger gut umsetzbar. Das liegt daran, weil diese Grundschultechniken eigentlich die grundlegende Basis zu späteren, höher entwickelten, Techniken aus den Kata bilden.

Kihon einmal etwas anders

Wenn man also die Frage stellt was Kihon ist, werden viele antworten, dass das doch klar ist: Kihon ist Grundschule.
Und genau da liegt eben ein Denkfehler, der über Jahrzehnte hinweg nicht bemerkt wurde. Denn man muss sich tatsächlich die Frage stellen, welche Grundlagen eigentlich gemeint sind.

Grundschule wird verstanden als das erlernen der Grundlagen, wie in der Schule Rechnen, Schreiben Lesen gelernt wird. Aber, wenn es eine Grundschule gibt, dann muss es doch auch eine weiterführende Schule geben.
Grundschule wird aber bis in die höchsten Dan-Prüfungen verlangt. Was läuft da falsch. Auf dem Gymnasium wird nicht mehr gefragt wie viel 2x2 ist.

In Japan wurden zu späten Funakoshis Zeiten aus den Kata Grundschultechniken herausgesucht und als Grundschulübungen immer wieder geübt. Diese Basisübungen (Kihon) waren aber nur ein kleiner Teil dessen, was die Kata an Techniken beinhalteten.
In Okinawa war die Kata das Fundament des Karate. Daher bezogen sich Basisübungen auf das Erlernen der Techniken und Kombinationen aus den Kata. Es wurden also nicht, wie zu Funakoshis Zeiten, schnell ein paar Techniken aus allen Kata herausgefiltert; sondern Basisübungen bezogen sich auf die jeweilig trainierte Kata, und haben demzufolge nichts ausgelassen.

Kihon waza zerlegt also den Ablauf einer Kata in einzelne Techniken und ermöglicht das Einzelstudium von Techniken und Kombinationen. Kihon Waza ist „Mittel zum Zweck" und hat erst Mal keine direkt kämpferische Aspekte.

Um weiter zu verstehen worum es geht, muss man die „Ten no Kata" kennen.

Diese Kata wurde, wie auch die drei Taikyoku-Katas, von Gichin Funakoshi und seinem Sohn Yoshitaka entwickelt. Die Kata besteht aus zwei Teilen: Der Omote-Form, die vom Ausführenden alleine geübt wird. Und der Ura-Form, welche mit Partner im Sinne eines Kihon- Ippon-Kumite trainiert wird.

Sie wird aus einer natürlichen Stellung, wie Shizentai, heraus jeweils einmal in verschiedene Richtungen, ausgeführt. Alle Techniken die geübt werden, werden jeweils nur ein Mal aus der natürlichen Stellung heraus ausgeführt.

Funakoshi selbst weist ausdrücklich darauf hin, dass der von ihm entworfene Ablauf der Ten-no-Kata nur die Basis dieser Kata ist, die, nachdem der Karateka sie verinnerlicht hat, im selben Sinne weiter zu entwickeln ist. Somit ist diese Kata als Bindeglied von Kihon waza zu Jiyu waza zu sehen. Sie verbindet Kihon mit Kumite. Somit kann man diese Kata sowohl als Kihon Kata, wie auch als Kumite Kata sehen.

Nun können wir zum Wesentlichen kommen.

Zitat aus dem Buch "Karate-Do Nyumon" von Funakoshi, Seite 94 „Ten-no Kata Ura":

Zunächst solle der Verteidiger seine Abwehr und Gegenangriff als zwei getrennte Techniken üben. Wenn er geschickter wird, sollte er die beiden als eine Aktion ausführen, sodass auch nicht ein Sekundenbruchteil zwischen Abwehr und Gegenangriff liegt." ..... Zitat Ende.

Ähnlich äußerte sich Motobu Choki bei seinen 5 Regeln. Zitat:

- *Verwende Techniken, die in einer Bewegung Angriff und Abwehr beinhalten.*

- *Verwende so oft es geht beidhändige Techniken zur Abwehr und zum Angriff.*

Kihon, wie er heute fünf Mal vor und zurück trainiert wird, gab es zu dem Zeitpunkt noch nicht. Das wurde später aus dem Kendo entwickelt.

In dem Zitat von Funakoshi sind zwei bedeutende Begriffe enthalten:

- **„Zunächst"** = Kihon = Basis, Grundschule
- **„Geschickter"** = Jiyu waza = Weiterbildende Schule

Jiyū waza (Freie Technik) bezeichnet die Veränderung der Grundschultechniken (kihon waza) in Kampftechniken. Also in Techniken die von Grundschulstandards befreit und angepasst wurden.

Z.B. Gleichzeitiges Blocken und Kontern oder eine schnellere beidhändige und realitätsnähere Ausführung der Techniken.

Und um das zu verstehen und trainieren zu können, benötigt man Kata. Denn darin sind diese Techniken enthalten.
Wenn man das zu begreifen beginnt versteht man, dass Basisübungen lediglich die ersten Schritte waren um eine Kata und deren Kampfaspekte und Techniken zu erlernen. Und man begreift, dass man mit dem ausschließlich und einzigen Erlernen der Kihon waza, keine Möglichkeit hat wirklich Karate zu erlernen, oder sich tatsächlich wirksam zu verteidigen. Im Gegenteil; man wird sogar schlechter.
Alfred Heubeck schreibt in seinem Buch „Der Bunkai Code", dass die instinktiv und intuitive Reflexe unerfahrener Menschen, durchaus positiv zu bewerten sind. Dabei wird der Vergleich gezogen mit Anfänger im Karate, die wegen ihrer ersten Grundschulerfahrung plötzlich anders (schlechter) reagieren. Der Autor beschreibt weiter, dass das solange der Fall ist, bis der Schüler die Techniken verinnerlicht habe.
Der Denkfehler dabei ist, dass hier von Basistechniken, und nicht von freien Kampftechniken ausgegangen wird.

Aber genau diese Basistechniken werden bis zum Erbrechen seit Jahrzehnten penibel trainiert. Wobei man sich wie in einer Tanzwertung oder Eiskunstlaufwertung oder Turmspringer- Wertung verhält. Techniken und Kata werden penibel und gerade zu pedantisch verbessert. Aber den Weg zum Jiyu Waza (dem Üben der Freien Techniken) hat man nie gefunden.

Darum unterscheidet sich das Kumite-Training für den Wettkampf so sehr vom Training des Breitensport. Das ist so, weil das Bindeglied (Jiyu waza Übungen) fehlt. Darum hat man für den Wettkampf eigene Trainingsmethoden entwickeln müssen. Eigentlich kann man mit Kihon-Waza keinen Wettkampf aufbauen. Dazu braucht man Jiyu-Waza. Irgendwie hat man das - ohne die alten Trainingsmethoden genau zu kennen - erkannt und für den Wettkampf die Techniken in freier Form (Jiyu-waza) trainiert und weiter entwickelt. Man hat also aus Grundschule, Hauptschule gemacht. Aber nur für den Wettkampf. Darum sucht man ständig den Weg zur SV im Karate. Und darum sind viele Karateka der Meinung, dass man sich mit Karate nicht wirklich verteidigen kann. Wie auch; wenn eine Hand bei jeder Kleinigkeit immer an der Hüfte geparkt wird. Jeder Boxtrainer würde schreien: „Deckung hoch"!

Ein Beispiel sind auch die extrem weiten Ausholbewegungen, wie beispielsweise im Shuto-Uke, die in der späteren Shotokan- Entwicklung bis ins Unmögliche erweitert wurden. Ausholbewegungen, die so extrem gemacht werden wie im Shotokan, können nur als Kihon-Waza Erklärung finden, aber niemals als Jiyu-Waza. Und wenn eine der ausholenden Hände schon mal in Nagashi-Uke Form neben dem Kopf ist, kann man ja – *weil die Hand nun mal da ist* – schnell noch eine zusätzliche Abwehr (Nagashi-Uke) hinein interpretieren, um die es eigentlich gar nicht geht.
Also, wenn man von Frankfurt nach Hamburg fährt, fährt man nach München zum Tanken. Und wenn man schon mal in München ist, besucht man noch das Deutsche Museum.
Aber dazu kommen wir später noch.

Kihon-Waza ist das Einmaleins
Jiyu-Waza ist Mathematik

Und um die Techniken und Kombinationen auf kämpferischem Niveau zu Beherrschen, und den überlieferten Kampfstil richtig trainieren zu können und nichts zu vergessen, waren die Kata entwickelt worden.
Der Weg zu Jiyu Waza führte über die Kata der Meister. Dort war sowohl Kihon, (*Obwohl es die Bezeichnung „Kihon" in Okinawa eigentlich nicht gab*) wie auch Übungen zu Jiyu-Waza enthalten.

So ergibt alles einen Sinn. Und was haben wir all die Jahre geübt?
Kihon, Kihon Ippon Kumite, Jiyu Ippon Kumite, Jiyu Kumite.
Aber alles war auf Kihon-Waza aufgebaut, nicht auf Jiyu-Waza. Denn dazu hätte man auf die Weise trainieren müssen, wie es im Dojo von Gichin Funakoshi und seinem Sohn Yoshitaka bei den verschiedenen Formen der „**Ten no Kata**" war.

Die „**Ten no Kata**" war erst in Kihon-Waza aufgebaut worden. Dann wurden die Schüler langsam zu Jiyu-Waza aufgebaut. Und das alles mit Kihon-Waza und Jiyu-Waza aus den Kata.

Das Verständnis der Unterscheidung zwischen Grundlagentechnik (Kihon-Waza) und realistischen Kampftechniken (Jiyu-Waza), ist das fehlende Bindeglied, das völlig übersehen wurde. Dieses Verständnis ist aber Voraussetzung um überhaupt Techniken für den realistischen Kampf (Jiyu-Kumite) vernünftig trainieren zu können.

Aber wir haben ja unsere vier Säulen und bewerten nach Schönheit der Grundschule und nach dem Kampfrichtermuster einer Tanzschule.

Nur gut, dass einige Karatemeister inzwischen begriffen haben wo die Fehler liegen, und entsprechend anders trainieren.

.
Wir können heute nicht mehr so trainieren, wie „die Alten" in Okinawa. Daher ist der bisher eingeschlagene Weg, die einzig vernünftige Alternative. Weil diese Grundschultechniken nur die Basis für höher entwickelte Techniken bilden, möchte ich die Unterschiede zu besseren realistischeren Techniken näher beschreiben, und zeigen wo der Weg von der Grundschule, hin zu höheren, besseren und realistischeren Techniken führt.

Vielleicht ist das Training, nach dem hier beschriebenen Muster, eher etwas für Fortgeschrittene ab 1. Kyu oder 1. Dan.

Motorik und Reflex.

Nun müssen wir uns aber erst mit der Motorik beschäftigen. Man sollte beachten, dass man die bestehende Automatisierungsbewegungen des Körpers (Motorik und Reflexe) nicht zwangsweise ändern, sondern fördern sollte. (Flow-Drills)

Die Chinesen ahmten Tiere nach und schulten so unbewusst ihre Motorik. Sie trainierten nicht dagegen, sondern mit der natürlichen Bewegung. So entstanden die Techniken, die sie in ihren Kata zusammenfassten.

Unsere Hände sind, wie das gesamte Muskelsystem, aufeinander abgestimmt.

Machen Sie doch einmal mit der rechten Hand Kreisbewegungen vor der Brust und mit der linken Hand Kreisbewegungen auf dem Kopf.
Nun ändern Sie die Richtung der Kreisbewegungen der Hand auf Ihrem Kopf.
Das ist gar nicht so einfach, denn die andere Hand vor Ihrer Brust reagiert auch auf diesen Befehl.

Seit Urzeiten werden Bewegungen geschult und trainiert, die uns in Fleisch und Blut übergegangen sind; genau wie die Reflexbewegungen.

Was passiert, wenn sich ein ungeübter Mensch, gegen einen Angriff (z.B. Faustschlag zum Kopf) verteidigen muss? Eine angeborene Reaktion; man hebt beide Arme automatisch zum Schutz und duckt sich ab. Ähnlich wie ein geübter Boxer das macht. Und genau solche motorische Reflexreaktionen sollte man ausbauen und perfektionieren.

Die Chinesen haben vielleicht wirklich unbewusst diese angeborene, und seit Urzeiten entwickelte, Motorik gefördert, indem sie Tiere imitierten. (Vielleicht sogar manchmal etwas übertrieben)

Es ist schon wichtig, die Techniken richtig zu erlernen. Aber wo wird übertrieben? Und wo werden Fehler gemacht?

Es sah im „frühen Japan-Karate" so aus, als ob ein Ingenieur auf dem Zeichenbrett diese Techniken entworfen hat.

Diese neuen, in späteren Zeiten weiter übertriebenen, Bewegungsabläufe führen aber dazu, dass man im Kampf wertvolle, und alles entscheidende, Sekundenbruchteile verliert.

Nicht Ausholbewegung sondern Mitnahmebewegung

Die Bewegungsabläufe bei Blocktechniken werden zwar noch genauer erläutert, aber man muss hier schon einiges ins rechte Licht rücken.
Machen Sie statt Ausholbewegungen einmal
Mitnahmebewegungen mit der anderen Hand.
Machen Sie das so, als wollten Sie einen Angriff immer mit beiden Händen blocken. Die blockende Hand zieht die Andere mit.

Die ersten Reflexreaktionen sollten immer so sein.

Machen Sie das mit einem Age-Uke, Uchi-Uke, Shuto Uke usw. Diese „Beidhandblocks" oder „Mitnahmebewegung" sind zwar ähnlich wie die Ausholbewegungen, aber bei weitem nicht das Selbe.

Machen Sie doch einmal einen kleinen Test.
Ihr Gegner steht links vor und greift rechts mit Oi-Tsuki an. Sie stehen ebenfalls links vor und blocken mit Uchi-Uke; genau wie die Grundschule es vorschreibt.
Und nun machen Sie das Gleiche. Nur machen Sie mit der anderen Hand keine Ausholbewegung mit zurückziehen an die Hüfte, sondern führen den anderen Arm mit dem blockenden Arm Richtung angreifenden Oi-Tsuki. (*Faust nicht zur Hüfte zurück, sondern in Kampfbereitschaft halten.*)

Kämpfen Sie immer mit beiden Händen vor Ihrem Gegner.

Versuchen Sie das auch einmal mit anderen Techniken. Z.B.
Lassen Sie ihrer anderen Hand regelrecht Bewegungsfreiheit.

Lassen Sie Ihrer eigenen instinktiven Motorik freie Hand.

Zur Gegenbewegung kommen wir noch. Nur so viel vorweg; es muss nicht immer eine Gegenbewegung zur Hüfte sein. Denken Sie an die Heian Sandan Technik 2 oder die Jion Technik 35 Ura-Zuki mit Age- Uke.

Diese Motorik haben die Chinesen mit ihrer Kampfkunst – vielleicht unbewusst – über Jahrhunderte lang trainiert und in ihren Techniken festgehalten.
In Okinawa hat man sich, bei der Entwicklung ihrer Kampfkunst, an diese Bewegungsmuster, in den Kata, überwiegend gehalten.

Und heute weigert man sich intellektuell trotzig, diese Fehler zu akzeptieren.

Genau diese angeborenen Reaktionen müssen wir fördern; nicht umprogrammieren. Denn das macht uns im Kampf unsicher und langsam.
Deshalb kommen wir gleich zum Kapitel der
„Beidhändigen Techniken".

Nun muss man beachten, was Priorität hat, wenn man eine Technik ausführt.

- Man muss erst einmal schnellstmöglich die Angriffstechnik ohne Umwege erreichen.
- Der Block muss so ausgeführt werden, dass er auch funktioniert.
- Man muss so stehen, dass ein Gegenangriff – oder eventuell ein zweiter Block - schnellstmöglich und effektiv stattfinden kann.

Im Shotokan-Ryu wird Priorität 1 und 3 einfach ignoriert. Die Aushol- und die Gegenbewegung wird sehr betont ausgeführt.

Das wahre Prinzip heißt aber:

Lege nur soviel Weg mit der Technik zurück, wie für eine effektive Ausführung unbedingt notwendig ist.

Das versuchte schon Okuyama Tadao den damaligen Anhängern der JKA-Stilrichtung anhand des Gedan-Barai klar zu machen. Er sah in den langen Ausholbewegungen überhaupt keinen Sinn. Im Wettkampf wird das bei Gyaku-Zuki auch nicht so gemacht. Würde ich dieses System beim Gyaku Zuki Angriff anwenden, müsste ich vorher immer erst mit Kizami-Zuki angreifen, um mit der Gyaku-Zuki Hand ausholen zu können. Ein Kampf mit solchen Taktschlägen würde niemals funktionieren.

Mir zeigt das, wie realitätsfremd viele Karatelehrer unterrichten, und wie wenig Kata wirklich verstanden werden. Und wie sehr man sich an der Grundschule hochziehen kann, und hierbei das Wichtige und Wesentliche vergisst oder nicht versteht. Warum verdreht man dann so sehr die Grundtechniken in den Kata.

Man muss sich einmal vorstellen, wie das wirklich aussieht.
Anhand der Heian Godan Technik Nummer Eins:
Der Angreifer kommt von links. Meine linke Hand ist dem Angriff näher als die Rechte. Wenn ich jetzt aushole zum Uchi- Uke links, müsste ich erst mit der rechten weit ausholenden Hand Nagashi-Uke blocken, dann mit der linken vom Gegner weg ausholen. Dann erst würde der linke Uchi-Uke folgen. Ich stünde, für einen kurzen Augenblick, mit überkreuzten Armen vor oder neben meinem Gegner.
Leider kommt es immer wieder vor, dass Karatelehrer solche Ausholbewegungen übertreiben und sie zusätzlich als Blocktechniken erklären.

Ich nenne das immer „**Geister-Blocktechnik**". Weil das eine Blocktechnik gegen einen Angriff ist, um den es entweder gar nicht geht weil der im Moment gar nicht existiert, oder weil man einen Umweg macht.

Aber auch für Umwege hat man einen Namen:
  Blockade mit doppeltem Effekt
Man wendet dies bei den meisten Grundschultechniken – besonders gerne mit den Ausholbewegungen – an.
Das ist zwar grundlegend falsch, aber vom Ansatz her durchaus ein Weg in die richtige Richtung. (*Mitnahmebewegung*) Aber, zu „*Blockade mit doppeltem Effekt*" kommen wir noch.
Dann ist es kein Wunder, dass Schüler an dem ganzen System ernsthaft, und mit Recht, zweifeln.
Man kann nicht realistisch Kämpfen, Abwehren und Kontern, wenn man jedes Mal einen Meter weit ausholen soll. Es ist durchaus hilfreich, wenn man den Shuto-Uke einmal beidhändig vor dem Gegner trainiert, so wie er früher in Okinawa gemacht wurde.
Aber dazu kommen wir gleich noch.

Grundschule, nach z.B. Shotokan Muster, ist im realen Kampf, aus verschiedenen Gründen, nicht und niemals anwendbar. Und Grundschule nach dem Muster einiger intellektuell überdrehter Vorstellungen, schon gar nicht. Es ist aber als Übungsgrundlage notwendig. Das ist ein wichtiger Unterschied. Und das wusste man früher. Heute hat man das vergessen oder gar nicht erst erkannt.

Wichtig!!! Der Weg von Kihon-Waza zu Jiyu-Waza. Wer das verstanden und geübt hat, wird auch im Jiyu-Kumite besser.

Probieren Sie es doch einmal mit einen Age Uke aus.
Der Gegner greift Sie rechts an (**Nicht mit Oi Zuki, sondern so, wie ein Schläger schlagen würde**) und sie blocken – grundschulmäßig – links. (**Und schön mit der Faust an der abgedrehten Hüfte, weil man mit der Gegenbewegung einen kräftigen Age-Uke machen will.**)

Die Situation ist nun folgende:
Ihr Gegner steht mit beiden Händen vor ihnen. Eine Hand wurde von ihnen geblockt, die Andere steht, zum zweiten Schlag, 40 cm vor ihrem Gesicht bereit. Nun können Sie diesen zweiten Angriff nur mit der vorderen „Age-Uke Hand" blocken.

Die andere Hand ist, an ihrer Hüfte, zu weit weg. Ihr Gegenangriff mit Gyaku-Zuki aus der Hüfte heraus – **im zweiten Takt** – können sie erst einmal vergessen. Ihr Gegner kämpft mit zwei Händen und Sie blocken die zwei Hände nur mit einer?

Man muss bei diesen Dingen immer beachten, dass kein Karatekämpfer mit einem Oi-Tsuki vor Ihnen steht, sondern ein Schläger mit seinen Kampfstellungen.

Und nun einmal anders.
Der selbe Angriff. Sie blocken mit Age-Uke. Dabei drehen Sie ihren Körper nicht, wie gewohnt, seitlich ab. Lassen Sie Ihrer Motorik freien Lauf und schulen diese sogar noch. Ihre andere Hand ist immer dazu programmiert, dem ersten einzigen schnellen Befehl, der vom Gehirn kommt, zu unterstützen.
Blocke diesen Angriff!
Das ist die angeborene Motorik. Ihre andere Hand ist nicht an der Hüfte, sondern in einer wesentlich besseren Position um weiter zu blocken oder schlagen zu können. Und dieser schnelle weitere Block oder Gegenangriff ist auch in der weiterführenden Age-Uke Grundschule der alten Okiawa-Te Meister so gewollt.

Das funktionierte bei ihnen nicht? Ihre Hand war immer noch an der Hüfte? Dann wird es höchste Zeit dass Sie sich das abgewöhnen.

Sie können sogar, mit Age-Uke links, die linke Hüfte etwas zurückziehen und Nekoashi-Dashi einnehmen, und sofort Angreifen.

Sie werden bemerken, dass ihr Age-Uke - mit Hilfe einer völlig anderen Körperdrehung - sehr gut funktioniert und sie ihren Gegner besser kontern und kontrollieren können. Ihre zweite Hand ist bereit, die andere Hand des Gegners zu blocken und zu Schlagen.
Und genau so, wurde es in den alten Pinan-Kata in Okinawa gemacht.

Gegenargumente hierzu: *„Man muss doch erst einmal die Grundschule beherrschen, wenn ich solche Techniken ernsthaft anwenden will."*
Antwort: *„Ja, klar. Z.B. beim Gyaku-Zuki oder Mae-Geri. Aber, Theorie sollte sich immer und überall nach der bewährten Praxis richten. Umgekehrt ergibt es keinen Sinn."*

Zum Beispiel im Englisch Unterricht. Wenn die Schüler immer und ständig mit furchtbar überzogenen Wortbetonungen unterrichtet würden, und sie auch so englisch reden und üben müssten, würden sie sich ein „Slang" angewöhnen, der in der englischsprachigen Bevölkerungsschichten wohl kaum jemand verstehen könnte, oder viel Spaß erzeugen würde. Also etwas falsches lernen um etwas richtig zu können?

Ja, wir haben eben nicht die Möglichkeit so zu trainieren, wie die „Alten" damals in Okinawa. Was die damals an Trainingseinheiten am Tag schafften, das schaffen wir heute nur in einer Woche. Man muss aber trotzdem irgendwann den Weg von der Grundschule, zur Hochschule schaffen. Auch wenn das Anfänger noch nicht können; so sollte man es ihnen aber dennoch zeigen.

Grundtechniken einmal anders.

In den Okinawa-Stilen macht man viele Techniken geringfügig, aber entscheidend, anders.

Zum Beispiel das Abdrehen der Hüfte bei Blocktechniken. In den alten Okinawa Stilen drehte man oftmals bei den Blöcken die Hüfte nicht so sehr ab, weil man die andere Hand ebenfalls in einer schnellen guten Position haben wollte.

Heute macht man das anders. Man dreht sich schön weit ab und zieht die andere Hand weit weg vom Gegner, zurück an die weit abgedrehte Hüfte. Das sind geringe Änderungen mit gravierenden Folgen. Und das ist entgegen unserer angeborenen Reaktion, wenn wir angegriffen werden.

Man kann von den Affen lernen wie man sich in den Bäumen bewegt. Man sollte aber – wenn das möglich wäre – niemals einem Affen beibringen, wie er es besser macht.

Eines muss Ihnen klar sein: In einer realistischen Kampfsituation, haben sie für große langwierige Ausholbewegungen keine – aber wirklich überhaupt keine – Zeit.

Man muss bei diesen Gegenbewegungen auch unterscheiden zwischen Techniken die nach außen gerichtet sind, oder Techniken die nach innen ausgeführt werden.

Deshalb wird (und wurde) Shuto-Uke im Okinawa-Karate anders gemacht als im modernen Japan-Karate. Und auch Soto- Uke ist im alten Okinawa – so wie er in Japan erfunden wurde - eher selten. Man arbeitet heute eigentlich entgegen der sinnvollen Körperdrehung. Man öffnet sich dem

Gegner und bringt sich, durch einen übertriebenen falschen Körpereinsatz, in eine ungünstige Position.

Ein Beispiel:
Uchi-Uke einmal anders.
Versuchen Sie doch einmal folgendes (oder ähnliches).
Spannen Sie einen langen Ast (den Sie eventuell sogar brechen können) an ein Schweres Regal (oder ähnliches).
Üben Sie jetzt Druck auf den Ast, mit einem Gyaku-Uchi-Uke, wie in der Heian Nidan.

Wechseln Sie nun die Stellung. (andere Seite vor) aber der selbe Arm. Also Uchi-Uke genau wie es die Grundschultechnik vorschreibt. Üben Sie auch jetzt Druck auf den Stock aus. Sie bemerken, wie sie ihren Körper, mit diesem ausgeführten Druck, wegdrehen.
Und nun Üben Sie einmal wirklich Druck auf den Stock aus, mit einem anderen Hüft- und Körpereinsatz.

Und nun machen Sie, zum Schluss dieser kleinen Übung, einen Uchi-Uke mit Gyaku-Zuki gleichzeitig.
Das ist nur möglich, wenn Sie den Uchi-Uke nicht wie in der Grundschule gelernt, sondern mehr wie in der Kanku-Sho machen.

Was ich damit beschreiben will ist, dass es mit einfachen 08/15 Grundschultechniken nicht getan ist. Ohne Kataübungen, und deren Verständnis, treten wir immer nur auf der Stelle.

Es kommt also auf den richtigen Körpereinsatz an. Und da müssten wir von den alten Meistern aus Okinawa noch einmal lernen. Diese Meister hatten ihre Weisheit aus ihrer Jahrhundertealten Kampfkunst, die sich auf eine noch ältere Kampfkunst aus China stützt.
Aber wir wissen es heute ja besser.

Denken Sie an dieser Stelle, einfach einmal über die Gedan Shuto-Uke oder Haito Uke Techniken in den Kata nach.
Shuto-Uke.
Es gab z.B. zwar in Okinawa verschiedene Armstellungen in der Höhe der Endphase des **Shuto Uke**, aber die Ausführung war die gleiche; mit beiden Armen – ohne extra Ausholbewegung – gleichzeitig nach vorne. Ähnlich wie der **Sagurite Uke**, den ich noch später beschreiben werde.
Die Technik wirkte früher wie ein Tsunami. Beide Hände ziehen wie eine Monsterwelle Richtung Gegner. Man kann das noch an alten Videos von

Meister Funakoshi sehen. Später wurde diese Technik langsam aber sicher, über Japan hinweg, drastisch verändert.

- Funakoshis Schüler schlugen noch verstärkt die Hände wie eine Welle Richtung Gegner.
- Später machte man nur noch mit der vorderen Hand eine starke Bewegung.
- Noch später machte man mit der hinteren Hand eine weite Ausholbewegung nach vorne, bevor der vordere Arm zum Schlagen kommt.

Vielleicht analysieren Sie einmal ihre eigenen Bewegungsabläufe bei den Gedan-Shuto-Uke in den Kata oder den Shuto-Uke nach hinten, am Ende der Bassai Dai.

Nun muss man unseren modernen Shuto-Uke nicht etwa vergessen. Man sollte nur erkennen, dass z.B. in den alten Passai-Versionen Okinawas einige Techniken mit unterschiedlicher Bedeutung, später in der Bassai Dai, als Shuto-Uke zusammengefasst wurden. Ein Shuto-Uke, wie wir ihn kennen, kann, für eine entsprechende Situation, auch gut funktionieren. Man sollte nur vorher die lange Ausholbewegung, durch eine erste „Beidhandreaktion" oder Mitnahmebewegung, ersetzen. Und dann sind wir dem „alten Shuto-Uke" wieder sehr nahe. Aber dazu kommen wir noch.

Die Basis aller Techniken darf nicht verändert werden. Meister Funakoshi hat uns, mit seinen Grundschultechniken, grundlegende Elemente, zum weiteren Aufbau besserer Techniken mitgegeben; aber dann dürfen wir dieses Fundament (Die Basis aller Techniken) nicht willkürlich auf intellektueller besser wissender Ebene verändern.

Jeder ist ein Genie

Ein wichtiges weiteres Argument, die Grundschule nicht einzig und alleine 30 Jahre lang zu übertreiben ist, dass jeder seine Stärken im weiten Feld des Karatetrainings suchen und finden sollte. Außerdem ist es dann auch wichtig, über den Tellerrand zu schauen. Hat man diese persönlichen Stärken gefunden, hat man ein Leben lang Spaß am Training.

Jeder ist ein Genie. Aber wenn Du einen Fisch danach beurteilst, wie er auf einen Baum klettern kann, wird er sein ganzes Leben glauben, dass er dumm ist.
Albert Einstein

Ein Schüler sollte niemals seinen Trainer kopieren.
Ein Trainer sollte niemals seinen Schüler so formen, wie er selber ist.

Nun ist es aber oft so, dass man tatsächlich ein „Karateleben" lang irgendjemanden oder irgendetwas hinterherrennt. Man kommt in ein fremdes Dojo und wird mit Leuten konfrontiert, die meinen sie müssten ihre eigene Weisheit loswerden und alles verbessern, was nicht bei drei auf den Bäumen ist. Dabei bemerken sie gar nicht, dass ihre eigene Technik nicht stimmt.
Aber Selbstvertrauen ist alles.
Es werden Techniken und Kombinationen gezeigt, die am Partner geübt werden sollen und die vielleicht nicht auf Anhieb sitzen. Nun wird man wieder verbessert und man verliert womöglich an Selbstvertrauen. Nun kommt man in ein anderes Dojo, zu anderen Trainern und anderen Trainingspartnern, und das Spiel geht von vorne los.

Nun muss dem Übenden aber bewusst sein, dass er nur nachahmt und kopiert. Dieser Weg führt irgendwann vor eine Mauer, die unüberwindbar ist.

Wenn man ständig die Richtung wechselt, verliert man den Kampf mit sich selbst. Darum sollte man nicht zu sehr versuchen genau nachzuahmen, wenn das auch so gewollt ist. Man sollte versuchen auf seine natürliche Reaktion zu achten und diese zu fördern. Wenn man immer alle Ratschläge, Anweisungen und Richtlinien umsetzen will, ist das so, wie wenn man alles durcheinander trinkt oder durcheinander isst.

Erkenne Deine Stärken und finde Deinen eigenen Weg alleine!

Und versuche niemals einem Affen beizubringen, wie er besser in den Bäumen herum klettert; auch dann nicht, wenn Du es hundert Mal besser weißt.

Bevor wir mit diesen Gedanken weiter machen,
ist das nächste Thema erst mal wichtig.

Karate ni sente nashi

Im Karate gibt es keinen ersten Angriff.

Oder: Der Torero und der Stier.

Dieses berühmte Zitat von Sensei Funakoshi wird oft missverstanden oder nicht richtig wahrgenommen. Und es sorgt sogar für Unverständnis. **"Karate ni sente nashi"** wird meist so interpretiert, dass ein Karateka in einer Konfliktsituation warten muss bis er angegriffen wird. Erst dann kann er sich, aufgrund seiner Überlegenheit, verteidigen. Als Beispiel hierfür werden die Anfangsbewegungen der Kata benannt, welche stets als Defensiv- bzw. Blockbewegung gedeutet werden. Diese Erklärung erscheint mir aber zu einfach.
Dazu ein paar Gedanken.

Es gibt zwei Punkte, die mit diesem Zitat in Verbindung gebracht werden müssen.

- *Jeder vermiedene Kampf ist ein gewonnener Kampf.*
- *Denke nicht an das Gewinnen, doch denke darüber nach, wie man nicht verliert.*

...
Punkt 1: **Den Kampf vermeiden.**

Gewaltprävention und Selbstbehauptung.
Eine Hundertprozentige Selbstverteidigung gibt es nicht. Wer kämpft, kann und wird dabei auch verletzt werden. Jeder Kampf dem man aus dem Weg gehen kann, ist daher ein gewonnener Kampf. Ein Ernstfall ist heutzutage eine Sache ohne Ehre.

Meister Funakoshi wusste das. Karate war für ihn kein Wettkampf. Karate war Gesundheit und Überleben. Daher bestanden die ersten Blocktechniken des alten Meisters darin, einen Kampf zu vermeiden. Er machte das mit Höflichkeit, mit Vorsicht, mit geistiger Überlegenheit und mit Vernunft. Er ging Kämpfen aus dem Weg, weil man mit kämpfen seine

Gesundheit, und die Gesundheit des Gegners, aufs Spiel setzt. Außerdem lässt man einem Gegner auch keine andere Wahl als anzugreifen, wenn man selbst das Kriegsbeil immer in Händen hält.

Nur wenn man im Geist ein friedlicher Mensch ist, und das auch lebt, kann man, so wie Meister Funakoshi es tat, Kämpfe und Auseinandersetzungen vermeiden.
Dabei darf man natürlich auch keine Schwäche zeigen. Das nennt man heute „Selbstbehauptung".
Kämpfe vermeiden nennt man heute "Gewaltprävention". Und diese Blocktechniken sollte man immer zuerst anwenden, bevor es ernst wird.
Diese Beherrschung, und diese intellektuell geistige Überlegenheit Funakoshis, war etwas besonderes. Man kann Kämpfe vermeiden, die bei unbeherrschten Menschen zur Eskalation führen.
Diese Eigenschaften wurden (und werden) Funakoshi oft als Schwäche angehaftet. Dabei lebte er damals schon etwas, was man heute in der SV wieder entdeckt.

Denke nicht ans Gewinnen, doch denke darüber nach, wie man nicht verliert.
Gichi Funakoshi

...
Punkt 2: **Der Gedanke des Gewinnens.**

Die Reaktionszeit.
Studien haben ergeben – so seltsam das auch klingen mag – dass tatsächlich Reaktion schneller ist als Aktion. Man sollte aber bei dieser Studie den wichtigsten Punkt extra erkennen und im Karate trainieren. Es ist die Zeit, bis man eine Reaktion aktivieren kann. Da hilft uns Zanshin.
Es ist schwierig zu verstehen, aber anfangs ein Beispiel, das diesen zweiten Punkt umschreibt.

Ich habe einmal einen Test gemacht auf einem ADAC Übungsstand. Da war ein Fahrsimulator der einige Verkehrssituationen abspielte. Man konnte sich dort hineinsetzen wie in einem Auto. Vor mir war mein Nachbar an der Reihe. Es lief alles ganz gut, bis ein Reh aus dem Wald hüpfte. Er hat es überfahren. Als ich getestet wurde wusste ich, dass irgendwann ein Reh aus dem Wald springt. Ich habe es nicht überfahren. Mein Nachbar staunte über meine schnelle Reaktion. Wäre ich als erster getestet worden, hätte ich das Reh auch überfahren. So habe ich mich an Zanshin erinnert und war erhöht aufmerksam. So ist es auch im Dojo.

In einem Karatewettkampf stehen zwei Kämpfer gegenüber. Beide haben - und konzentrieren sich - nur auf einen Gedanken: „Ich muss den Gegner angreifen und treffen".
Plötzlich tritt ein Kämpfer einen Fußtritt zum Kopf des Gegners. Der Getroffene hat nicht einen Zentimeter reagiert oder reagieren können.
(*Der Wille einen Punkt erzielen zu müssen, blockiert oftmals Zanshin*)
Warum? Weil er, mit fast all seinen Gedanken auf Angriff, aber nicht auf Verteidigung, fixiert war.

Wer an einem Fahrtraining teilgenommen hat weiß, wenn man ein Auto vom Bremspunkt A in 25 Metern zum Stehen bekommt, hat man noch nicht die Reaktionszeit mitberechnet. Kein Mensch schafft den gleichen Bremsweg mit der selben Geschwindigkeit, wenn Bremspunkt A erst während der Fahrt, bei einer plötzlich auftretenden Gefahrensituation angezeigt wird. Da ist eben noch die Reaktionszeit.
Wenn nun der Bremsweg sogar noch verkürzt wird, weil sich ein anderes Auto auf uns zu bewegt, verdoppelt sich die Aufprallgeschwindigkeit und die mögliche Reaktionszeit verringert sich.
Darum ist Zanshin so wichtig. Durch diese erhöhte Aufmerksamkeit, kann tatsächlich Reaktion schneller sein als Aktion.

Die Übungen mit Ansage, Absprache und langem Oi-Tsuki, ermöglichen das Ausschalten fast jeglicher Reaktionszeit.
Auch bei mehreren Angriffen in Folge, kann man die Reaktionszeit fast ausschalten. Es entsteht ja ein Rhythmus, der mir dabei hilft.
Was aber, wenn es diesen Rhythmus oder Ansage nicht gibt? Es ist immer eine Sekundensache, wobei Bruchteile einer Sekunde wichtig sein können. Jetzt sind viele Techniken, die vorher in unseren Übungen funktionierten, nicht mehr möglich. Darum erst einmal die Beidhandblocks anwenden.

Der erste Gedanke.
Der erste Gedanke muss an beide Hände gleichzeitig gehen.
Beide Hände zum Schutz nach vorne; NICHT an die Hüfte. In der Realität sind das zu viele Faktoren, die man in die Reaktionszeit einbauen müsste.
Denn dann müsste man wieder zu viele Gedanken damit verschwenden, welche Hand zum Blocken gebraucht wird, und welche Hand an die Hüfte muss. Dabei sollte man auch beachten, dass das Zusammenwirken von Hand und Fuß nur mit einer natürlichen Motorik Sinn macht. Wenn man entgegen dieser natürlichen Motorik arbeitet, und seinen Händen und Füßen etwas neues einstudiert, als die natürliche Reaktion vorgibt, wird

man schlechter als zuvor. Das ist das Geheimnis des Kung Fu. Und das ist das Leid, einer überzogenen Grundschule im Karate.

Schlimmer wird es beim Kampf, wenn wir uns auf das Ziel zu bewegen. Wenn beide gleichzeitig aufeinander zu springen, verringert sich die Reaktionszeit enorm, und auch somit die Reaktionsmöglichkeiten. Selbst dann, wenn nur ein Kämpfer angreift, sind die Kämpfer, wegen ihrer „Angriffsgedanken", kaum auf Verteidigung eingestellt. Dann hämmert ein Angreifer eine Technik wie z.B. Mawashi-Geri-Jodan rein, und der andere Kämpfer hat nicht im geringsten reagiert. Aber selbst dann, wenn man reagieren kann, sollte man das nicht nach dem Taktmuster der Grundschule machen, sondern möglichst mit beidhändigen Blocktechniken oder Block und Angriff gleichzeitig.

Es ist - nach Ansicht der alten Meister - immer besser einen Angriff anzunehmen und alle Möglichkeiten des Blocks mit direktem Konter zu nutzen. Für die Notwendigkeit eines Erstangriffs, haben sich die „Macher" der alten Kata auch etwas besonderes einfallen lassen. Viele Blocktechniken sind auch im Angriff anwendbar. Die Blocktechniken aus den Kata werden nicht etwa alle im Rückwärtsgang gemacht. Kata beinhalten nicht nur Blocktechniken mit darauf folgenden Konter. Sie bieten auch genug *„Geschützte Angriffstechniken"*. So kann man einen Morote-Uchi-Uke nicht nur als Block, sondern auch als Angriffsblock nutzen. Genau so Age-Uke, Kakiwake-Uke, Juji-Uke Jodan. Allerdings hat man beim Entwickeln solcher Techniken nicht an Wettkämpfe gedacht, sondern an Kakedameshi.

Wenn man solche Punkte beachtet erkennt man, dass Sensei Funakoshi genau wusste was er tat. Gerade weil er Gegner niemals unterschätzte, war ihm bewusst, dass man besser einem Kampf aus dem Weg geht. Denn nach jedem ernsthaften Kampf, gibt es Schwierigkeiten. Verliert man, ist das trinken aus der Schnabeltasse noch gut, denn man lebt noch. Gewinnt man, steht man vor dem Richter und muss sich rechtfertigen. Ein guter Anwalt ist da ratsam. Funakoshi wusste was er tut. Wir sollten ihn nicht unterschätzen.

Blockade mit doppeltem Effekt

Bevor wir diese Gedanken weiter führen, müssen wir noch kurz an einen weiteren Denkfehler erinnern, der wirklich unsinnig ist.

Angriff ist Oi-Zuki Chudan rechts.
Block ist Soto-Uke links und sofort darauffolgend ein Gyaku-Uchi-Uke gegen den gleichen angreifenden Zuki.

Solche Dinge werden als „**Blockade mit doppeltem Effekt**" gelehrt.

Man sollte sich nicht der Illusion hingeben, dass der Angreifer seine Angriffstechnik so lange stehen lässt, bis wir mit unseren Mätzchen fertig sind.

So werden auch oft Ausholbewegungen erklärt, die bei mir nur ein verständnisloses Kopfschütteln hervorrufen.

Man sollte immer die sinnvollste schnellste effektivste Blocktechnik – mit einer guten Kontermöglichkeit – zuerst machen.

Wenn man – um diese Technik ausführen zu können – vorher erst eine andere Technik, im Sinne der Ausholbewegung, machen soll, dann sollte man vielleicht doch am Sinn des vermittelten Karate zweifeln.

Aber, diese absolut falsche Lehrweise ist einer anderen, sehr realistischen Lehrweise, sehr nah.

Nämlich den **Beidhändigen Kampftechniken**.

Beidhändige Kampftechniken

Chuan Li Dai, Ming-Gruß, Bao-quan-li:

Die rechte Faust wird mit der linken offenen Hand bedeckt.

Wenn man sich im Karate wirklich dafür interessiert und danach forscht, stößt man auf Bezeichnungen wie: Chuan Li Dai, Bao-quan-li oder Ming-Gruß.

Damit will man seinem Gegenüber guten Willen und friedliche Absicht bekunden. Diese Geste soll auch die Ehrerbietung und den Respekt vor dem Gegenüber kennzeichnen.
Auch wenn die Japaner das Problem hatten, alles Chinesische im Karate zu ignorieren oder zu verändern, sollten wir nicht den selben Fehler machen. Dazu müssen wir aber erkennen, dass die alten Okinawa-Kata ihren Ursprung im Chinesischen Kung-Fu haben. Wir haben solche Techniken, unter anderem, in der **Jion, Jitte, Jiin**.

Es ist eine geniale Geste, die von den alten Chinesischen Meistern angewandt wurde. Man bekommt vielleicht Streit mit jemanden, versucht aber diesen Streit mit dem Friedensgruß zu verhindern. Gleichzeitig hat man aber eine hervorragende Verteidigungsstellung eingenommen. Wenn man die Hände zusammen vor sich hält, kann man sehr schnell reagieren. Man kann erst einmal mit beiden Händen gleichzeitig Blocken, oder wie zu Beginn der Jion, mit Uchi-Uke und Gedan Barai. Man hat, aus dieser Stellung heraus, viele Möglichkeiten.

De-Ai
Wenn man angegriffen wird ist es sehr wichtig, dass man erst einmal mit beiden Händen gleichzeitig reagiert. Das ist so, weil man so besser blocken kann und die angeborene Motorik fördert.

Ja klar, ich wiederhole mich. Das Thema ist aber noch nicht beendet. Jiyu-Waza muss noch genauer erklärt werden. Außerdem ist die Gegenwehr der Leute enorm, die zugeben müssen – trotz hoher DAN Graduierungen – jahrzehntelang etwas übersehen zu haben.

Hierfür gibt es in den Kata genügend Beispiele. Hat man dann einen Angriff erfolgreich geblockt, muss man die Initiative ergreifen in dem man gleichzeitig schlägt. Also kein Takt, sondern Beidhandtechniken.

Hierzu ein Zitat von Gichin Funakoshi zur „Ten no Kata".
(*Karate-Do Nyumon*)
Zu Beginn sollte man Abwehr und Gegenangriff als zwei getrennte Techniken ausführen. Damit wird gewährleistet, dass die Abwehrtechnik nicht vernachlässigt und der Gegenangriff stark und genau ausgeführt wird.
Später müssen Abwehr und Gegenangriff eins werden.

Und dann wieder dieses Zitat von **Motobu Choki**, dass ich in diesem Buch mehrfach verwende:

Verwende Techniken, die in einer Bewegung Angriff und Abwehr beinhalten.
Verwende so oft es geht beidhändige Techniken zur Abwehr und zum Angriff.

Und genau das, hat man in neueren modernen Kampfkünsten wie „Krav Maga" wieder entdeckt.

Mit Hilfe der Kata **Jion** wollen wir das noch einmal genau beschreiben. Hieraus entnehmen wir einige Techniken.

Ausgangssituation ist, eine realistische Situation. Dem Verteidiger steht ein Mann gegenüber der eventuell zuschlagen will. Die Situation ist sehr bedrohlich.

Im Dojo spielt man das alles genau so durch. Tori schlägt irgendwann zu. Uke weiß nicht wann und wie.
Anfangs beschränkt man sich auf irgendeinen Jodan-Schlag.

Uke steht in der „Ming-Gruß Position"

Nun schlägt Tori ein Mal zu. Aber bitte Kein Oi-Zuki, Gyaku Zuki oder Kizami Zuki. Einfach so schlagen, wie das ein Straßenschläger auch tun würde.

Die Reaktionszeit erfordert, dass Uke erst einmal beide Arme zur Abwehr hebt. (*Wie in der Jion ab Technik 34*) Dabei kann man beispielsweise eine Sanchin Dachi Stellung einnehmen. Dann erst kann man den Angriff analysieren und richtig reagieren. Zum Beispiel mit einer Hand kontrollieren ohne zu greifen. „**Muchimi**" (**kontrollieren ohne zu Greifen**) Das alles geschieht in Bruchteilen von Sekunden.
In der Jion wird ein gerader Faustschlag mit Juji-Uke Jodan geblockt.
Dann wird direkt, und ohne Takt oder Unterbrechung, mit dem freien Arm gekontert. (De-Ai) Das ist fast, eine einzige Bewegung. Andere Schläge, wie Mawashi Zuki, kann man mit **Awase-Uke** blocken und genau so schnell mit der freien Hand kontern.

Dieses Training sollte man dann steigern, in dem man auch mehrere Angriffe blockt und entsprechend schnell kontert.
Es gelingt nämlich nicht immer beim ersten Block, die Initiative selbst zu ergreifen.

Orientieren sollte man sich auch an anderen Kata. Beispielsweise die Juji-Uke Blocks aus der Heian (Pinan) Godan.

Folgetechniken gibt es auch viele. Wieder sollte man sich an den verschiedenen Kata passendes aussuchen.

Sie werden bemerken, dass dieses Training anfangs sehr schwierig ist. Mit der Zeit aber wird es besser und es macht auch mehr Spaß. Sie werden bemerken, wie gut ihre Reaktion und ihre Kampffähigkeit wirklich werden. Sie haben im Laufe der Zeit Techniken drauf, von denen andere nur träumen können.

Das ist nur ein Beispiel, wie man sein Karate mit Hilfe der Kata verbessern kann. Es gibt zahlreiche andere Beispiele.

Manchmal kann eine gute beidhändige Blocktechnik auch gleichzeitig ein Angriff sein.

Sie können aber auch zum zehn tausendsten Mal versuchen ihren Gyaku-Zuki zu verbessern, oder im Zenkutsu-Dashi eine Haltungsnote von 10,0 zu erreichen; dauerhaft natürlich. Genau so können Sie versuchen, Kata so zu laufen, dass ein Tanzlehrer neidisch wird. Aber dazu kommen wir noch.

Wichtig zu erkennen ist, dass wir völlig anders reagieren können, wenn wir mit einem langen tiefen Oi-Tsuki angegriffen werden. Dann kann man bequem einen schönen Ausweichschritt machen und hervorragend gut reagieren. Aber, wer greift schon mit einem tiefen Oi-Tsuki an? Wenn man angegriffen wird – und das weiß jeder Boxer – hat man bereits Mühe diesen ersten Angriff mit beiden Händen zu blocken. In der Heian Godan ist ein sehr schönes Beispiel, wie man vor dem Körper beidhändig blockt und dann die Initiative ergreift. Aber das ist bei Weitem nicht das einzige Beispiel.

Wo ist Soto-Uke in den Kata?

Ist ihnen schon mal aufgefallen, dass Soto-Uke, wie er heute im Shotokan gelehrt wird, in den alten Okinawa-Kata so gut wie gar nicht vorkommt? Warum eigentlich? Warum gibt es in den alten Kata kaum Soto-Uke? Ja, man kann ihn – auf verschiedene Arten – finden. In unseren Kata taucht er hin und wieder auf. Z.B. in der Bassai Dai, Bassai Sho, Unsu. Aber suchen Sie ihn mal in den alten Kata! Und suchen Sie ihn einmal auf der Basis der korrekten Grundschule. Da wird es schon etwas schwieriger.

Glauben Sie mir liebe Leser, die hatten ihre Gründe. Und diese Gründe basieren auf Jahrhunderte langer Erfahrung.

Es gibt Soto-Uke eher als Nagashi-Uke, in Verbindung mit einem gleichzeitigen Tsuki, oder wie in der Heian Nidan in Technik 11 als Block nach unten (Osae-Uke) mit einem Tsuki (Nukite) darüber, oder in der Nijushiho am Anfang. Auch Otoshi-ude-Uke findet man oft. Aber Soto-Uke in der Form der japanischen Grundschule, eher selten.

Der Grund ist, dass die Techniken in den alten Kata möglichst realistisch funktionieren mussten.

Stellen Sie sich einmal mit einem Faustschlag links in Position!
*Nicht mit Oi-Zuki und **nicht** mit Faust an der Hüfte. Vergessen Sie das! Das macht kein Schläger so. Also machen Sie das auch nicht.*
Ihr Gegenüber blockt mit einem klassischen Soto-Uke links. Seine rechte Faust ist weit weg, an seiner abgetreten Hüfte.
Und nun können Sie ihm mit ihrer bereitstehenden Faust (**die sich NICHT an ihrer Hüfte, sondern sich in guter Schlag- und Blockposition befindet**) so richtig eine abziehen.

Das wussten auch die alten Okinawa-Kämpfer. Darum findet man so etwas nicht in den Kata.

Anders herum:
Stellen Sie sich mit einem Faustschlag rechts in Position!
Ihr Gegenüber macht den gleichen Block wie vorhin.
Jetzt brauchen Sie nur noch den Arm zu beugen und mit einem Enpi oder Uraken weiter zu machen.

So greift keiner an

Das junge japanische Karate war stark beeinflusst von Kendo. Wenn man die Okinawa Pinan Nidan mit der Heian Shodan vergleicht, weiß man was falsch gelaufen ist.

Es ist durchaus möglich, dass die alten Okinawate-Meister auch einmal einen geraden Fauststoß (**Oi-Zuki**) tief ausführten. Das war aber sicher selten der Fall. Vielleicht nur dann, wenn es die Situation erforderte.

Mit einem **Morote-Zuki** kann man beispielsweise eine enorme Energie ins Ziel übertragen. Das ist eine gute Abwehr. Und den kann man auch tief machen. Und nur wenn man diese Technik beherrscht, kann man eigentlich mit einem tieferen japanischen Oi-Zuki Training beginnen.

In den alten Kata sucht man den tiefen Oi- Zuki vergebens. Tiefe Stände gab es schon; wenn sie angebracht waren.
Im Film kann das natürlich schön und beeindruckend aussehen. Aber in der Realität wird wohl kaum ein Mensch mit einem langen Oi-Zuki angreifen; jedenfalls nicht so wie er im modernen Karate überwiegend unterrichtet wird. Dennoch ist der Oi-Zuki der erste Fauststoß den ein Schüler lernt. Wenn man ihn so macht, wie es die Okinawate-Meister lehrten, ist er sehr schnell und wirkungsvoll. Folgetechniken sind ebenfalls schnell möglich.
In Okinawa war der Zenkutsu Dachi viel höher. Dadurch hatte der gerade Fauststoß viel mehr Einsatzmöglichkeiten.
Außerdem ist er auch realistischer.

Auch das drehen der Faust (*das Itosu in Okinawa eingeführt haben soll*) war nicht unbedingt üblich, da es **zu schwer zu erlernen ist** und man, wenn man es nicht **wirklich richtig macht**, zu viel Kraft verliert. Außerdem ist die Gefahr größer, dass man sich beim Schlagtraining die Hand abknickt. Die senkrechte Faust (**Tate-Zuki**) wurde früher überwiegend eingesetzt. Sie ist wesentlich stabiler.

Es sind in Japan kleine Veränderungen durchgeführt worden. Aber diese kleinen Veränderungen hatten gewaltige Folgen für das gesamte Karate.

Die Unterschiede des Zenkutsu-Dachi wie Gichi Funakoshi ihn machte, und wie ihn später seine Nachfolger zeigten, waren im jungen japanischen Karate so gravierend, dass man sich fragt was die Nachfolger geritten hat, so zu trainieren.

Im Buch „**Karate no Nyumon**" sind, unter anderem, auf den letzten Seiten Kämpfer abgebildet die so tief stehen, dass sie bequem durch ein Schlüsselloch schauen könnten. Aus diesen Stellungen kann kein Mensch schnell einen Kampf weiterführen. In den Kumitebüchern von Nakayama sieht man zahlreiche Bilder von Kämpfern die aufeinander zuspringen und, wie im Fechtsport, die gleichen Stellungen verwenden. (*Schön tief in Zenkutsu Dachi*) Wenn man das in der Selbstverteidigung umsetzen will, bekommt man furchtbar Haue. Denn, wer glaubt denn wirklich ernsthaft, dass er einen bösen Buben, immer und sicher, mit einem Schlag aus den Sandalen hauen kann? Das ist eine gefährliche Illusion. (*Es soll Ausnahmen geben*) Das muss man aber können, wenn man so kämpft. Aus dem tiefen Zenkutsu Dachi kommt man nicht schnell genug wieder raus. Außerdem ist man, je tiefer man im Zenkutsu-Dachi vor dem Gegner steht, seitlich völlig instabil und leicht angreifbar.
Ein gefundenes Fressen für geübte Gegner. Außerdem kann man einem 1,90-Mann nicht in einer tiefen Zenkutsu- Stellungen auf die Zwölf kloppen. Darum standen ja die Okinawa Kämpfer nicht so tief. Sie wollten möglichst guten Bodenkontakt haben und nach allen Seiten sicher stehen. Es macht auch keinen Sinn, sich ständig vor seinem Gegner kleiner zu machen.

Es ist nicht nur gegen jede eingeprägte Motorik; es ist auch gegen jede Vernunft. Kein Boxer würde das so machen.

Darum übten die Okinawa-Kämpfer keine Grundschule nach japanischem Muster, sondern Techniken aus den Kata.
(Von Kihon-Waza zu Jiyu-Waza)
Hier sollte man sich auch an anderen Stellungen aus den Kata orientieren.
Zum Beispiel an **Sanchin-Dachi, Hangetsu-Dachi, Seishan-Dashi**.

Dazu muss man aber erst die fantastische Wirkungsweise dieser Stellungen erkennen. Wer die Seishan oder die Hangetsu wirklich beherrscht, beginnt auch die Kampftechniken der „Alten Kämpfer" zu verstehen.

Dann gibt es noch einen kleinen, aber gravierenden Unterschied beim **Oi-Zuki**. In der alten Form hat man darauf geachtet, dass der Faustschlag schnell und präzise ausgeführt wurde. Der kurze Schritt bedeutete, dass man schnell wieder Bodenkontakt bekam, (**bzw. Ihn erst gar nicht verloren hat**) um den Fauststoß nutzen zu können. Im Buch „**Leere Hand**" von **Kenei Mabuni** (*Sohn des Stilrichtungsgründers Shito Ryu Kenwa Mabuni*) heißt es:
Die alten Meister auf Okinawa sagten, der ganze Körper sollte elastisch wie eine Peitsche, in den Stoß eingehen.

In der neuen tiefen Form nutzt man nicht die Muskulatur aus, um stabil zu stehen, sondern die Schwerkraft des Körpers, in einem tiefen Stand.
Genau gesagt sieht das folgendermaßen aus:

Die Bewegung des stoßenden Armes muss im gleichen Zeitpunkt enden wie der Schritt nach vorne endet. Die hintere Faust wird nach vorne gerammt, wenn der Zenkutsu Dachi fast beendet ist. Die Hüfte darf beim Oi Zuki nicht nach vorne geschoben werden! Der Abschluss muss synchron mit dem absetzen des Fußes beendet sein.
Fehler beim heutigen Oi-Zuki können sein, wenn der Oi Zuki zu früh oder zu spät ausgeführt wird. Beim zu späten Oi Zuki wird die Schwungkraft des Zenkutsu Dachi nicht ausgenutzt. Beim zu frühen Oi Zuki besteht die Gefahr, dass man den tiefen Zenkutsu Dachi nicht stabil stehen kann, oder gar nicht erst erreicht.

Erst einmal sollte man das mit Morote-Zuki trainieren. Damit man überhaupt begreift, worum es geht.

Das Problem ist, dass in Japan ein anderer Kampfstil entwickelt wurde, als in Okinawa.

Kendo und Wettkampf haben so einiges verändert.
Als die ersten Schusswaffen konstruiert wurden hatte man schon die Idee oder den Traum, Gewehre zu entwickeln, mit denen man mehrere Schüsse hintereinander abfeuern konnte. Ein alter japanischer Oi Zuki ist aber nur ein einschüssiger Vorderlader. Dazu kommt noch, dass man nur nach vorne und hinten stabil steht.

In Okinawa musste man schnell und beweglich sein. Nicht irgendwelche Regeln sondern das Gefühl hat bestimmt wie ein Fauststoß ausgeführt werden musste. Keine Regeln und Beschreibungen, sondern Erfahrungswerte waren wichtig. Es war dort überhaupt nicht so, dass man die „*Göttliche Begabung*" hatte, seinen Gegner immer und sicher mit einem Schlag stoppen zu können. Obwohl man damals genau wusste, wo man seinen Gegner empfindlich treffen konnte. In Okinawa rechnete man damit, dass der Gegner nicht doof ist und sich auch zu wehren weiß. Daher waren die Techniken so tief oder hoch, dass sie wirkungsvoll waren und man den Kampf schnell fortsetzen konnte. Dieser Kampfstil ist in den alten Kata enthalten.

Das japanische Kumite aus der frühen Zeit erinnert mich eher an alte Ritterkämpfe: In der einen Hand ein Schild und in der anderen das Schwert, mit dem man drauf haut.
Beide Kämpfer stehen seitlich abgedreht. (**Schild und Schwert**) Eine Hand vorne, die andere parkt vor der Brust, bereit einen Gyaku-Zuki zu schlagen. Zu diesem Spiel gehören aber immer zwei. Was aber, wenn der Gegner kein Karatekämpfer ist, der sich darauf einlässt?

In Okinawa und China hatte man an jedem Arm ein Schild, und in jeder Hand ein Schwert. Dazu noch die vielen stabilen – nicht zu tiefen – Stellungen.

Ein Block war auch gleichzeitig Angriff. Auch oft mit beiden Händen gleichzeitig. Deshalb muss man sich die alten Kata genau ansehen um zu erkennen, wie damals gekämpft wurde.

Ich will Realität im Karate

Für die Kampfweise der alten Okinawa Kämpfer gab es die Bezeichnung „Kakedameshi". Das waren Kämpfe die zum Testen der gegnerischen Fähigkeiten bzw. „Erweitern der eigenen Erfahrung", dienten. Es soll sogar Kakedameshi mit tödlichem Ausgang gegeben haben. Allerdings war Kakedameshi eine Kombination aus vielen Kampfstilen. Es wurden Schlag- und Wurftechniken angewandt. Ein solcher Kampf konnte sehr schnell vorbei sein, er konnte aber länger andauern. In Biografien einiger alten

Meister, wie Motobu Choki, wird davon berichtet. Es war pure Realität. Keine Zauberei. Keiner konnte über Häuser springen.

Viele Grundschulübungen mit Partner sind einfach gesagt, nur Aufbauübungen. Es ist Grundschule mit Partner. Dazu muss man aber wissen, dass die Grundschule der Okinawakämpfer nur eine Übung war, um spätere anspruchsvollere Versionen der selben Technik zu beherrschen. Die Grundschule des späteren Japan-Karate waren oftmals nur Übungen, die in der wirklichen Realität kaum funktionieren.

Ein alter Kendomeister sagte zur Funakoshi's Zeiten, dass sich Karate zum Kendo ohne Waffen entwickelt. Er behielt Recht.

Als Argument für die Shotokan-Grundschule wird oft gesagt, man müsse erst die Grundschule mit weiten Aushol- und Gegenbewegungen üben, um starke und korrekte Techniken zu erlernen. Viele dieser Techniken sind falsch und funktionieren im Ernstfall nicht. Hat man sich das aber einmal angewöhnt, bekommt man es womöglich, im realen Kampf, nicht mehr raus; und das könnte fatale Folgen haben.

Man sollte mehr auf den Körpereinsatz achten, und weniger Wert auf die Faust an der Hüfte legen.
Deshalb sind einseitige Übertreibungen sehr schädlich.

Die gröbsten Fehler, die man sich angewöhnen kann, wenn man sie zu intensiv trainiert:

- Den Faustschlag immer vor dem Gegner stoppen.
- Weite Ausholbewegungen als reale Kampftechnik erklären, und als zusätzliche Blocktechniken für etwas beschreiben, das im Moment gar nicht existiert.
- Der Ippon-Orgasmus. (**Sorry, Böse, ich weiß**)
- Immer nur mit einer Hand Blocken und die andere ständig an der Hüfte **parken**.
- Das Taktverhalten. Erst Block dann Konter.
- Das zu frühe drehen der Faust beim geraden Zuki.
- Immer nur Blocktechniken mit Ansage der weit ausholenden einmaligen Angriffstechnik üben.
- Zu wenig Realität in der Grundschule.

Man lernt also erst mit Age-Uke zu blocken, dann mit Gyaku- Zuki zu kontern. Aber realistisch ist es nicht; weil man mit dem Takt (eins = Block, zwei = Konter) zu viel Zeit verliert. Denn ZWEI, gehört dem Gegner; NICHT dem Verteidiger.

Ach, ich hab ja vergessen; der Gegner greift ja mit einem langen tiefen Oi Zuki an und lässt den angreifenden Arm stehen und wartet auf unseren Konter.
;-)

Wenn man die Ausholbewegungen stur mitrechnen und ausführen würde, wären es sogar drei Takte. Nach dem Angriff:

- Ausholen
- Blocken
- Kontern

Das kann nicht funktionieren. Es ist realitätsfremd. Wenn man das alte Karate – *das in den Kata enthalten ist* – richtig versteht, dann erkennt man, dass Block und Konter oftmals eins sind.
Manchmal kann eine gute Blocktechnik auch gleichzeitig ein Angriff sein.
Oder erst beidhändig blocken und dann (wenn möglich) sofort, fast im gleichen Takt, kontern. Wenn nicht möglich, dann muss man den zweiten Angriff auch beidhändig blocken.
Wobei „beidhändiges Blocken" - *wie vorher schon beschrieben* - nur der **erste Gedanke (erster Befehl)** ist. Das alles geschieht in Bruchteilen von Sekunden. Beide Hände sind von Natur aus aufeinander abgestimmt. Blocken und Schlagen muss eins sein und geht an beide Hände. Sie werden bemerken, dass mit etwas Übung, nach dem beidhändigen Befehl, nur eine Hand blockt und die andere schlägt.
Dazu sage ich wieder: Okinawa-Te und Kata.

Mein Eindruck ist, dass man Funakoshi Gichin für die Entwicklung des Wettkampfkarate nicht mehr gebrauchte. In unseren Zeiten jedoch erinnert man sich an seine Lehren. Zum Beispiel die zwei wichtigsten Zitate die er uns hinterließ, die aber kaum Beachtung fanden und die man irgendwie nicht so richtig verstanden hat.

....
Ten no Kata
Zu Beginn sollte man Abwehr und Gegenangriff als zwei getrennte Techniken ausführen. Damit wird gewährleistet, dass die Abwehrtechnik nicht vernachlässigt und der Gegenangriff stark und genau ausgeführt wird. Später müssen Abwehr und Gegenangriff eins werden.
Gichi Funakoshi

....
Wenn man die etwas mehr als dreißig Kata betrachtet, die wir üben, wird man erkennen, dass sie im Wesentlichen lediglich Variationen von nur einer Handvoll sind.
Gichi Funakoshi

....

Wenn man bedenkt wie wichtig die Ten no Kata im Training von beispielsweise Yoshitaka Funakoshi war, dann spielt noch ein weiteres Zitat eine sehr große Rolle, das man aber erst versteht, wenn man erkennt wie weit diese Kata entwickelt wurde. Leider ist sie heute in ihrer ganzen Perfektion kaum noch bekannt.

Zitat aus dem Buch „Karate-Do Nyumon" zur „Ten no Kata":
Diese Form wird im Karate-Do Kumite genannt.

Und nun versteht man besser wenn hier gesagt wird, dass die „klassischen Kumiteübungen" beispielsweise aus dem Shotokan Kumite-Programm, nicht so weit entwickelt sind wie damals die „Ten no Kata" war.

Makiwara

Jeder Boxer trainiert an einem Boxsack oder Punchingball.

Gichi Funakoshi beschreibt in seinem ersten Buch wie man ein Makiwara (Schlagpfosten) baut und benutzt.

Trifft eine Technik im Wettkampf ihr Ziel, werden Punkte vergeben. **Ikken hissatsu** bedeutet - mit einem Schlag töten. Also sollten die Wettkämpfer zumindest mit ihrem Kampfstil mit einem Schlag den Gegner kampfunfähig schlagen können.

Karate ist heute auch Breitensport. Das bedeutet, dass nicht etwa immer sportliche und starke Kämpfer trainieren, sondern auch unsportliche Leute die Selbstverteidigung lernen wollen.
Besonders schwächer Karateschüler können wohl kaum diese Schlagkraft anwenden.

Wenn man sich also den Wettkampfstil zu eigen gemacht hat, sollte man auch seine Schlagkraft üben und trainieren. Mit Sicherheit gibt es Leute, in deren Faust man besser nicht hinein rennt.

Oftmals macht man sich zu wenig Gedanken über seine wirkliche Schlagkraft. Ich habe schon gestandene Kerle mit aufgeschlagenen geschwollenen Fäusten gesehen. Man sollte eben nicht mit der blanken Faust gegen einen harten Schädel schlagen. Dazu fehlt eben oftmals das Training. Man sollte schon wissen wie und wohin man effektiv schlagen kann, um sich seiner Haut zu wehren. Die alten Kämpfer kannten einige Vitalpunkte. Heute spricht man wieder einmal von Mythen und Märchen. Nun, alles kann man sicher nicht umsetzen, und man muss auch nicht alles glauben. Aber wer sich wirklich wirkungsvoll verteidigen will, sollte schon einige Punkte kennen, wo es dem Gegner weh tut. Und man sollte wissen wo und warum man sich selber weh tut, wenn man zuschlagen muss.

Ein Makiwara muss heute niemand mehr bauen. Shigeru Egami war zu Anfang ein eifriger Nutzer des Makiwara. Später war er nicht mehr so begeistert von dem vielen Makiwara-Training.
Man soll es eben nicht übertreiben. Heute hat man andere Mittel, um seine Schlagkraft zu trainieren. Besonders Anfänger sollten erst einmal schlagen üben ohne sich das Handgelenk zu brechen. Ein Karatetrainer muss erkennen, wenn seine Schüler nicht hart genug zuschlagen können. Es ist für die Selbstverteidigung wichtig diesen Leuten zu zeigen wie sie ihre Schlagkraft trainieren und was sie von ihren Schlägen wirklich erwarten können. Wer seiner Schlagkraft blind vertraut, kann böse Überraschungen erleben, wenn es einmal darauf ankommt.

Auch das Schlagtraining gehört zum Karate dazu. Man muss wissen was man sich zutraut und wie effektiv man seine Schlagkraft anwenden kann.

Da stellt sich mir die Frage, was eigentlich in den Dojos Priorität hat; das Schlagen mit abstoppen am Ziel, oder das richtige Schlagen im Sinne der realen Selbstverteidigung. Letzteres lässt sich nicht so einfach trainieren. Beim Kihon geht die Technik immer ins Leere. Beim Kumite stoppt man vorher ab. Da muss man sich also heute modernerer Hilfsmittel bedienen. Im heutigen Wettkampfzeitalter hat man aber für vieles keine Zeit mehr.

Tai Sabaki und Suri Ashi

Tai Sabaki bedeutet, durch geschicktes ausweichen (Körperdrehung) einem Angriff zu entgehen. Im Karate wird er meist in Verbindung mit einer Blocktechnik und einem anschließendem, oder gleichzeitigem, Konterangriff verwendet; während er im Aikidō der Vorbereitung eines Wurfes dient.
Durch Tai Sabaki ermöglicht man dem Angriff auszuweichen und schnell selbst die Initiative zu ergreifen. Tai Sabaki bedeutet nicht immer nach hinten auszuweichen. Man kann auch schräg nach vorne oder zur Seite ausweichen. Tai Sabaki erfordert sehr viel Übung, ist aber unbedingt notwendig. Wer das nicht beherrscht, hat schon verloren.

Große Ausweichbewegungen, wie im Jiyu Ippon Kumite dienen nur der Übung für Tai Sabaki. Große Ausweichbewegungen kosten meist zu viel Zeit und sind im wahren Kampf nicht immer möglich. Hüpfen und Steppen? Nein, versuchen Sie es erst gar nicht. Tai Sabaki hingegen funktioniert.

Diese Ausweichbewegungen übt man besonders grundschulmäßig in der klassischen Kumite-Übungsform. Dazu gehört auch Suri Ashi.
Suri Ashi bedeutet Gleitschritt. Das heißt, möglichst wenig den Bodenkontakt zu verlieren. Beim Bergsteigen heißt es auch immer Dreipunktehalt und ein Punkt sucht Halt.

Suri Ashi bedeutet Gleitschritt, und wird auch genau so ausgeführt. Stepschritte sind eher für den Angriff im Wettkampf geeignet. Suri Ashi hingegen ist überall einsetzbar.

Das „Hüpfen" beim Freikampf ist eine Neuerscheinung des europäischen Wettkampfkarate. Hüpfen und gleichmäßiges Bewegen sind berechenbar. Meistens aber sind es nur schlecht kopierte Bewegungsmuster von guten Kämpfern. Insbesondere unerfahrene und seltene Wettbewerbskämpfer verfallen in ein solches Bewegen. Die wirklich guten Kämpfer sind mit Hüpfen falsch beschrieben. Es ist viel mehr ein dynamisches Bewegen und Spiel mit den verschiedenen Distanzen. Doch fehlt vielen (die dafür nicht gezielt üben) die entsprechende Erfahrung um es richtig umsetzen zu können. Eine schlechte Kopie solcher Kämpfer endet dann eben mit hüpfen.

Suri Ashi ein Oberbegriff für Schritte wie z.b. Yori Ashi, Tsugi Ashi oder Okuri Ashi.

Diese Techniken gibt es auch in anderen Kampfkunstarten. Besonders deutlich sieht man das im Kendo. Dort stehen die Kämpfer minutenlang mit ihren Holzschwertern unbeweglich gegenüber; bis dann blitzartig, ein nur Sekunden andauernder Kampf entsteht. Bei einem solchen Kampf ging, in der Geschichte der Samurai, immer ein Sieger hervor. Zu Beginn der Karate-Wettkampfentwicklung war der Wettkampfstil sehr ähnlich.

Die Japaner beschränkten sich auf ein schnelles vor gleiten mit Suri Ashi, um den Gegner, wie im Kendo, schnell zu treffen.
Nur, haben sie keine Schwerter. Sie kämpften mit der „Ein Schlag und du bist besiegt" Technik. Die Kampfstellung (Kamae) war allerdings gut. Auch die Bewegung im Suri Ashi war perfekt. Wer sich ein wenig im Sport mit Hieb- und Stichwaffen auskennt weiß, dass dort Abwehr und Konter fast eins sind. Die Bewegungen sind für das ungeübte Auge kaum erkennbar. Man darf aber nicht vergessen, dass dort Waffen im Einsatz waren.

Im Karate wird heute zu viel Wert auf Angriffstechniken gelegt. Das wäre ja nicht so schlimm, wenn man sich nicht all zu oft, bei den Angriffstechniken, so furchtbar überschätzen würde.

Heute werden ungelernte Karateschüler so rasend schnell zum sportlichen Wettkampf herangezogen, dass für das Erlernen von Suri Ashi, oder einer vernünftigen Kampfbewegung oder dem Erlernen von Blocktechniken, keine Zeit mehr ist. Ein Karateka der vor 2 Jahren das erste Mal einen Karate-Gi an hatte, kann solche Dinge einfach noch nicht können. Hüpfen dagegen ist einfach, erfüllt aber nicht den eigentlichen Zweck. Auch das Argument der Flexibilität findet im Hüpfen keine Begründung!

Wie man sich richtig bewegt, hängt von dem Wissen und der Erfahrung ab, das in der jeweiligen Karatezeit vorhanden ist. In Japan orientierte man sich an den Kampfkünsten, die man schon kannte. Heute zählen die neusten Erkenntnisse, wie man am schnellsten Punkte macht. Die „alten Meister" verlieren immer mehr an Respekt. Ich verbeuge mich ehrfurchtsvoll vor ihnen.

Mythos Kata

Oftmals bezeichnet man Kata wie folgt:
Die stilisierte Form eines Kampfes gegen einen oder mehrere reale oder imaginäre Gegner, bei der Verteidigung, Angriffe und Gegenangriffe in festgelegter Abfolge und Ausführungsart geübt werden.

Oder, Zitat unbekannt:
Kata ist eine schöne Übungsform, wenn man gerade keinen Trainingspartner zur Hand hat. Oder wenn man wirklich das Training verstecken muss, weil die herrschende Kaste nicht möchte, dass Kampfkunst geübt wird – eine Situation, die wir heute wirklich nicht mehr zu fürchten haben.

Mit diesen Umschreibungen bin ich nicht einverstanden.

Hier muss ich wieder die Frage stellen: „Was ist KIHON?"
Denken wir das Ganze ganz kurz noch mal durch, um das Thema auf Kata zu konzentrieren.
Anfangs - *in der Entstehung des Karate in Japan, vor dem zweiten Weltkrieg* - entwickelte Funakoshi Gichi und sein Sohn Yoshitaka, die **„Ten no Kata"**.
Im Grunde genommen ist unser Kihon nichts anderes als eine vereinfachte Versionen neu entwickelter Schüler-Kata.
Man läuft in mehreren Bahnen fünf mal die Halle, mit verschiedenen Techniken und Kombinationen, rauf und runter. Das ist eigentlich, genau gesehen, auch Kata.

Wenn also jemand keinen Sinn in den Kata sieht, welchen Sinn sieht man dann im Kihon?

Eine Kata beinhaltet das Wissen und die Kampfkunst der alten Meister, die oft ein Leben lang an der Entwicklung ihres Kampfstils gearbeitet und trainiert haben. Sie ist wie ein Buch, das ein alter Meister hinterlassen hat.

Theodor Fontane (deutscher Schriftsteller 1819 - 1898) sagte einmal:
"Ein guter Spruch ist die Wahrheit eines ganzen Buches in einem einzigen Satz."

Die Kata, die die alten Meister hinterlassen haben, sind genau so zu verstehen. Es sind kluge Kampf-Zitate die man uns hinterlassen hat. Wer eine Kata beherrscht, trägt das Buch der alten Meister immer mit sich. Er muss es nur genau lesen.

Auf den folgenden Seiten versuche ich einmal schrittweise zu beschreiben, warum viele Karateka, Kata sinnlos finden, und wenige andere Kampfkunstexperten darin das „Wahre Karate" entdecken.

Inwiefern Kata-Bunkai in den verschiedenen Stilarten von Anbeginn an weitervermittelt wurde, lässt sich heute kaum noch erforschen. Dennoch steht fest, dass sich das intensive Wissen das ein Okinawa-Te Meister seinen "inneren Schülern" vermittelt hatte, stark von dem Wissen unterschied, das später in Japan weitergegeben wurde.

Die Grundlage dazu alles zu ergründen, wenn wir den "**Weg der leeren Hand**" wirklich suchen, ist jedoch vorhanden. Dass das sehr schwierig sein kann sieht man daran, dass in einigen Bunkai-Büchern die Analyse der Kata viel zu kompliziert und auch oft unrealistisch, einseitig, geradezu exotisch und eingeschränkt dargestellt wird. Manchmal sieht man den Wald vor lauter Bäumen nicht. Man sollte sich einmal Gedanken darüber machen, wozu Kata eigentlich entwickelt wurden und welchem Zweck sie wirklich dienten.

Selbsterfundene Kata.

Die alten Kata aus Okinawa basieren auf jahrhundertelanger Erfahrung. Es gibt aber auch sehr viele selbsterfundene Kata , die erst nach der Zeit in Japan erfunden wurden.

So gesehen verstehe ich sogar das Desinteresse einiger Karateka gegenüber den Kata.
Das kommt daher, weil man den wahren Wert der Kata nicht erkannt hat.

Kata sind eine sinnvolle Ansammlung von unterschiedlichen Techniken einzelner Stilrichtungen. So konnte man sich besser merken, was ein Meister an seine Schüler weiter geben wollte. Man hat Techniken entwickelt und sie in Kata zusammengefasst.
Kata die auf diese Weise entstanden sind, sind wertvoll.

Aber es sind auch eine Menge Kata nachträglich entstanden, die auf dem falschen Denken der Grundschulmäßigen Bunkai-Form entwickelt wurden, bei der man die Kata von Anfang bis Ende mit einem, oder mehreren, Gegner durchzieht.

Es ist also Unsinn, zehn neue Kata zu trainieren, wenn darin nichts anderes enthalten ist, als die üblichen 08/15-Techniken in unterschiedlichen Reihenfolgen. Oder Techniken, die man ohnehin in den alten Kata findet.

Einige neuzeitlich selbst entwickelte Kata sind vielleicht ganz gut fürs Training, haben aber keinen wertvoll tieferen Sinn. Es sieht toll aus und man kann viele verschiedenen neue Varianten erfinden.

Die Junro und Joko Kata
Ich kann mir natürlich kein Urteil bilden über alle Kata wie zum Beispiel die Junro und Joko Kata, weil ich die nicht genug kenne.
Die fünf „Junro Kata" wurden von Tetsuhiko Asai entwickelt. Dann wurden von ihm weitere fünf „Joko Kata" entwickelt.

Sensei Asai hat in Taiwan trainiert wobei sein Stil stark vom „White Crane Kung Fu" beeinflusst wurde. Die Kata hat er jedoch selbst entwickelt. Die gab es früher in China nicht. Also sie haben keinen direkten Chinesischen Ursprung.

Es heißt aber, dass er einige andere vergessene Kata wieder entdeckt hat. So gesehen ist sein Karate- und Lehrstil stark an dem Lehrinhalt der alten Okinawa-Te Meister angesiedelt.

Es gibt aber offenbar zwei Strömungen, in denen die Junro- Kata weiter gegeben wurden. Die IJKA und JKS.
In der JKS wurden diese Kata alle dem Shotokan Stil angepasst und verändert. Die speziellen "Asai-Bewegungen" sind durch normale Shotokan-Ausführung der Techniken ersetzt worden, was natürlich den Lerninhalt der einzelnen Kata auch stark verändert und sogar zerstört.
Diese Veränderungen wurden in der IJKA nicht durchgeführt, d.h. hier werden die Kata noch so gemacht, wie Asai Sensei sie ursprünglich vorgesehen hat.

Somit sind wieder einige Kata irgendwie unnütz.

Warum neu, wenn es genug wertvolle alte Kata gibt.
Ich muss sehr viel trainieren, dass ich die 27 üblichen Shotokan-Kata kann. „Beherrschen" kann man sie ohnehin nie alle. (Also ich nicht) Daneben gibt es ja noch viele mehr, wie die Meikyo-Formen (Rohai Shodan , Nidan, Sandan), die Taikyoku- Kata, Kushanku, die verschiedenen Formen der "alten Okinawa Kata" wie Passai.
Man kann sich nur intensiv mit wenigen Kata beschäftigen.

Auch unwichtig sind die Veränderungen wegen Meisterschaften.

Es ist also Unsinn und irrelevant, die Kata bis zur Perfektion zu üben. Wenn man den genauen Ablauf beherrscht reicht das. Es ist viel wichtiger die darin enthaltenen Techniken, einzeln und in Kombination, zu trainieren, zu perfektionieren und vielseitig zu beherrschen.

Genau so unwichtig ist, wenn man einzelne Technik-Abläufe festlegt und intensiv übt, bis man sie im Schlaf beherrscht. Man sollte vielmehr die Techniken einzeln, immer wieder anders miteinander verbinden; gerade so, wie es im Moment einfällt.

Kata sind also als Buch und Hinterlassenschaft sehr wichtig. Man muss ein gutes Repertoire beherrschen, worauf man immer zurückgreifen kann. Es geht also nicht ohne Kata.

Eine Kata ist wie ein Weihnachtsgeschenk. Aber im Gegensatz zu Weihnachtsgeschenken, werden die Kata nur selten ausgepackt.

Mythos?

Trainiert man heute eine Kata ohne sich etwas dabei zu denken, ist das Katatraining allenfalls ein gutes Ausdauer- und Gymnastiktraining. Vielleicht noch gut für die Motorik. Aber ohne Sinn, nützt das nichts. Was dann übrig bleibt ist die Suche nach Selbstverteidigungstechniken in Selbstverteidigungskursen.

All die Erfahrungen der alten Meister werden somit völlig ignoriert.

Karate findet nicht nur im Dojo statt; wenn das viele Karateka auch glauben. Karate ist auch eine Wissenschaft. Wenn man Karate nicht nur körperlich, sondern auch geistig betreibt, kann man, nach langem Training und intensiven Forschungen, das fehlende Bindeglied des "Wahren Karate" finden. Und, obwohl so unendlich viel an den Kata geändert wurde, ist eine Entschlüsselung - trotz gewollter oder unbeabsichtigter Stolperfallen - möglich. Man sieht plötzlich "Bunkai" in einem ganz anderen Licht. Voraussetzung hierfür - ein jahrelanges Training. Außerdem muss man Karate-Do, "Den Weg der leeren Hand" auch wirklich suchen. Man muss begreifen wie das frühe Kampftraining aufgebaut war. Im Wettkampfzeitalter ist dazu oftmals leider keine Zeit mehr.

Wer das Geheimnis des wahren Karate ergründen will, muss also tief in der Karategeschichte kramen. Man muss die Biografie der alten Okinawa-Meister kennen. Man muss sich mit den wenigen Worten beschäftigen, die sie uns hinterlassen haben. Man muss die Ursprungskatas erforschen. Man muss die Geschichte der Kampfkunst begreifen. Wenn man dann die weitere Entwicklung verfolgt, wird vieles klar. Der falsche Weg war vorprogrammiert.

Die vier Elemente der Kata.

Bevor wir genauer auf die Kata eingehen können, sollte man sich noch einmal mit der etwas seltsamen Denkweise auseinander setzen, die heute die Katawelt beherrscht. Für mich ist das etwas zu viel intellektuelle

Schreibtischakrobatik. Darum will ich das Thema auch nur kurz anschneiden.

Die vier Elemente der Kata, wie man sie heute beschreibt, sind Bunkai, Oyo, Henka und Kakushi. Dazu sollte man noch die Bezeichnungen Omote und Okuden kennen.

Als **Bunkai** bezeichnet man die Analyse der einzelnen fest vorgeschriebenen Bewegungen einer Kata. Die dabei betrachtete Form der Kata bezeichnet man als das **Genki** oder Basis-Modell. Folglich müsste es für jede Kata eine fest vorgeschriebene Angriffsform geben.

Aber diese Gedanken sind, meines Erachtens nach, völlig falsch.
Was ist mit den Kampfaspekten einer Kata?
Was ist mit dem Kampfstil den die Gründer der Kata entwickelt haben?
Eine Kata besteht doch aus weit mehr als nur einer inhaltsleeren festgesetzten Angriffsformel. Dazu kommen wir noch.

Manche Bunkai Techniken berücksichtigen nicht den Größenunterschied zwischen Tori und Uke. Einer der beiden Partner modifiziert die Technik auf eine andere Schlag- oder Trittstufe als die durch die Kata fest vorgegebene. Der Karateka modifiziert und optimiert die Kata auf seine Körpergröße und verlässt damit das Genki Modell. Dann spricht man von **Oyo.**

Wer Funakoshis Worte verstanden hat weiß, dass das Unsinn ist. Das ist deshalb Unsinn, weil das „Bunkaidenken" im Karate oft völlig falsch ist. Aber dazu kommen wir noch.

Die Kata darf nicht verändert werden, im Kampf jedoch gilt das Gegenteil.
Gichi Funakoshi

Die Ausführung der Kata und ihr Ausdruck werden trotz absolut gleichen Bewegungsabläufen der Ausführenden niemals gleich sein. Das ist so, weil jeder über eine unterschiedliche körperliche Leistungsfähigkeit verfügt. Selbst bei einer Kata die synchron ausgeführt wird, ist dies nur scheinbar so. Dann spricht man von **Henka.**

Hier verwechselt man offenbar Kata mit Eiskunstlauf oder Tanzwettbewerben. Das ist wieder ein Beweis, dass man nicht verstanden hat, worum es wirklich geht. Außerdem ist diese Denkweise schon

Blödsinn. Malen Sie einmal, mit einem Stift, einen Kreis auf ein Blatt Papier! Nun malen Sie einen zweiten Kreis, der genau mit dem ersten Kreis identisch sein muss, auf ein zweites Blatt. Wenn Ihnen das gelingt, sollten Sie mit der Nummer im Zirkus auftreten.

Du magst lange, lange Zeit üben, aber wenn Du nur Deine Hände und Füße bewegst und auf und ab hüpfst wie eine Marionette, dann ist das Karate-Studium nicht viel anders als das Tanzen lernen. Du wirst nie zum Kern der Dinge vordringen. Du wirst die Quintessenz von Karate-Do nicht begriffen haben.
Gichi Funakoshi

Um diese Worte wirklich zu verstehen, muss man einiges an Erfahrung sammeln. Aber dazu kommen wir noch. Das lässt sich nämlich nicht in zwei Sätzen erklären.

Wenn man sich in der Kata übt, muss man ihren Sinn verstehen. Man darf sich nicht von der Technik als solche täuschen lassen und muss zwischen Jodan, Chudan und Gedan gut unterscheiden. Training ohne Verständnis des Kata-Sinns ist umsonst.
Kyan, Chotoku. (1870 - 1945) Okinawa-Te Meister.

Kata und Bubishi gehören zusammen.

Viele Karateka fragen sich was zuerst da war: Bunkai, Kata oder vielleicht Bubishi.
Die Frage ist schon absurd. Warum? Dazu kommen wir jetzt.
Was ist aber Bubishi?

Es werden sehr viele Bücher darüber geschrieben, aber eigentlich hat keiner den Sinn des Bubishi verstanden.
In der uralten Chinesischen Bubishi-Überlieferung werden 48 Tafeln mit jeweils zwei Kämpfer dargestellt.

Es soll noch ein älteres Bubishi geben, mit 16 Positionen ohne, und 16 Positionen mit Partner

Viele Karate-Forscher glauben diese Positionen wären ebenfalls mit einem – *ich sag einmal so* – „*Bubishi-Bunkai*" zu erklären. Das wäre wirklich zu einfach. Das ist ja geradezu beleidigend einfach erklärt.

Die dargestellten Kampfpositionen sind Grundpositionen. Jede dieser Positionen stellt für sich, bildlich und symbolisch gesehen, ein Trainingsprogramm dar. Mit dem richtigen Kata- Training, kann man so, instinktiv, im wirklichen Kampf, mit wenigen Grundpositionen blocken und kontern. Wobei dies alles früher sehr tief perfektioniert wurde. Auch die Vitalpunkte wurden trainiert.

Bunkai und Bubishi

Nun müssen wir versuchen, Bubishi mit dem „Richtigen Bunkai-Training" zu verbinden.

Richtiges Bunkai-Training.

Obwohl viele Karateka glauben, man müsste beim Bunkai eine Kata von Anfang an in der perfekten Schrittfolge bis zum Ende durchlaufen, möchte ich das, als großen Irrtum bezeichnen. Wer Bunkai so übt, hat den Sinn der Kata leider noch nicht erkannt.
Den speziellen Begriff „Bunkai Kumite" habe ich so nur im Shito Ryu gefunden. Man kann, beim Üben dieser Techniken, durchaus eine Kombination aus der Mitte üben, dann eine Technik vom Anfang der Kata, und mit der letzten Technik enden. Man kann auch Techniken aus verschiedenen Kata miteinander kombinieren. Die Techniken sollten nur zueinander passen. Man kann drei Kombinationen zusammen hängen oder nur eine. Das bleibt jedem selbst überlassen. Aber eine einzelne Kata von Anfang an bis zum Ende, mit Partnern und entsprechenden Bunkai-Techniken, zu durchlaufen, ist am wahren Ziel vorbeigeschossen.

Wer sich heute auf einem entsprechend hohen Niveau befindet, müsste eigentlich bemerken dass, obwohl die vielen Kata scheinbar alle eine andere Geschichte haben, doch viele Kata- Techniken - egal aus welcher

Kampfkunst sie entstanden sind - ähnlich aussehen, wenn nicht sogar gleich sind. Vergleicht man diese miteinander, und erkundet auch noch die Ursprungskata (z.B. Heian - Pinan) kann man den Sinn und die Zusammenhänge der Techniken besser verstehen und den Schlüssel zum besseren Verständnis finden.

Daher ist es unsinnig, absurde und meist realitätsferne Bunkai-Techniken zu erfinden, einer einzelnen Kata an nur einer Stelle zuzuordnen, und dann meinen, dass man das alles behalten und anwenden kann.

Domino und Mahjongg

Domino
Man sollte eine Kata nicht immer nur stur der Reihe nach trainieren. Im Katatraining sollte man die Techniken wie eine aneinandergelegte Reihe eines Dominospiels betrachten. Man muss die Reihe auseinander nehmen, die einzelnen Dominosteine sehen und analysieren. Dann muss man sie wieder aneinander reihen, wobei man im Training nicht immer die alte Reihenfolge einhalten muss. Man kann sogar eine Technik mit einer Technik aus einer anderen Spielreihe kombinieren. Man darf also die Kata nicht als GANZES sehen, sondern die einzelnen Techniken erkennen und in verschiedener Weise und Kombinationen Trainieren.

Mahjongg
Beim Kumite kommt dann Mahjongg ins Spiel.

Ein Mahjong-Spiel besteht aus 144 Spielsteinen:
108 Ziegel der drei Grundfarben:
Bambus, Zahl, Kreis.
In jeder der drei Farben gibt es Ziegel mit den Nummern Eins bis Neun, jeder Stein ist vierfach vorhanden.

28 Ziegel Farblose Ziegel:
Vier Winde und Drei Drachen
Auch diese Steine sind jeweils vierfach vorhanden.

8 Ziegel der Hauptfarbe
Vier Blumen, Vier Jahreszeiten.
Die Ziegel der Hauptfarbe sind nur jeweils einfach vorhanden

Die Gruppeneinteilung, die ich hier beschreiben will, ist ähnlich wie ein Mahjongg-Spiel zu verstehen. Nur haben wir im Karate für jede Gruppe eine führende Standard Position, die als Grundposition für alle anderen möglichen Gruppentechniken steht. (Bubishi)

Gruppeneinteilung der Katatechniken.

Man muss die Katatechniken in Gruppen einteilen. Wobei man den Sinn der Techniken erkennen muss. Sie müssen nicht immer ganz genau gleich sein.

Jede Gruppe hat dann eine Grundposition, (Bubishi) die alle anderen Techniken miteinander verbindet.

Aus dieser Standardposition kann man alle Folgetechniken aus den Kata üben. Dann hat man Bubishi mit Kata verbunden. Dann wird auch Bunkai völlig klar erkenntlich.

Wenn man das alles richtig erkennt, versteht sich die Weisheit Funakoshis.

Wenn man die etwas mehr als dreißig Kata betrachtet, die wir üben, wird man erkennen, dass sie im Wesentlichen lediglich Variationen von nur einer Handvoll sind.

....Nur eine Handvoll... (Bubishi-Positionen) Weiter schreibt er:

Würde jemand jede Bewegung und jede Technik unabhängig voneinander lernen, könnte er nicht erkennen, wie die Kata untereinander zusammenhängen und in welcher Weise eine Kata, Bewegungen und Techniken zusammenfasst.

Man erkennt, dass es eigentlich – *nach dem Muster des Bubishi* - nur wenige Grundpositionen gibt. Und genau das ist auch besser für den Kampf umsetzbar.
Daher sollte man die Kata nicht nur als "Ganzes" sehen, sondern auch als zusammengestellte Reihe zu trainierender Techniken und Kombinationen.

Als Beispiel sollte man einmal die erste Technik der **Heian Yondan**, mit der Technik 11 (*Shuto Uchi und gleichzeitig Shuto Age Uke*), trainieren und kombinieren. Vergleichen sollte man diese Techniken dann mit dem Beginn der Heian Nidan (*erste beiden Techniken*) und der Technik 34 bis 37 der Jion. (**Nummern nach den Tafeln von A. Pflüger**)

Für andere Stilrichtungen, in denen diese Kata und Techniken nicht enthalten sind, finden sich bestimmt ähnliche Beispiele.

Um es etwas deutlicher zu erklären, stelle man sich folgende Geschichte vor, die sich so zugetragen haben könnte.

Der alte Okinawa-Te Meister und sein Schüler

Ein alter Okinawa-Te Meister rief eines Tages seinen treuesten Schüler zu sich (Uchi Deshi), um ihm ein altes Geheimnis anzuvertrauen. Der Schüler war seinem Lehrer über viele Jahre treu und genoss dessen vollstes Vertrauen. Jahre lang trainierte der Schüler fleißig seine Kata Chinto, Pinan und Naihanshi, nach Anweisung des Meister. Der Schüler verstand nicht, warum der Meister ihm Anwendungen mit Partner aus den Kata zeigte, die er einem anderen Schüler anders erklärte.
Der alte Meister zog aus einem Versteck eine kleine Truhe heraus. Darin lagen sechs Papierrollen (Makimono), die er geheimnisvoll auf einem Tisch ausbreitete. Es war sein Bubishi, das seit langer Zeit in seiner Familie weiter gegeben wurde. Der Schüler erkannte Kämpfer in Kampfpositionen, die ihm bekannt vorkamen. Die Kämpfer standen in Jodan-, Chudan- und Gedan-Positionen gegenüber.
Einige Kämpfer standen in diesen Positionen ohne Gegner da, die anderen waren mit Gegner gezeichnet. Sein Meister zeigte ihm, welche Katatechniken er zu den dargestellten Bubishi- Positionen zählen konnte. Er teilte Katatechniken in Gruppen ein und begann sie den Bubishi-Positionen zuzuordnen. Dabei erklärte er auch die Verbindungen der Techniken, die untereinander bestehen. Obwohl die dargestellten Positionen, mit den verschiedenen Katatechniken die der Schüler kannte, nicht immer exakt übereinstimmten, erkannte er doch, dass sie alle sehr ähnlich waren. Der alte Meister meinte dann, dass sein Karatetraining erst jetzt richtig beginnt. Er begann jeweils mit einer Position die er auf einem Makimono sah, und trainierte dann die dazu passenden Techniken aus

den verschiedenen Kata. Er trainierte dabei auch Folgetechniken und Konter.

Alle Techniken der Kata, die er in der Folgezeit erlernte, begann er sofort in die Kampfpositionen des Bubishi seines Meisters aufzuteilen. Mit der Zeit perfektionierte er die Gruppen immer mehr. So erkannte der Schüler, dass die vielen Techniken der Kata, die er kannte, eigentlich nur verschiedene Varianten weniger Grundpositionen waren. Und er erkannte, dass diese wenigen Grundpositionen, vielseitig anwendbar waren.

Eines Tages fragte der Schüler, warum er in einigen Techniken eher einen anderen Sinn erkennt, als sie wirklich sinnvoll einzuteilen. Er fragte, ob einige Techniken aus den Kata vielleicht für anderes Training gedacht seien. Der Meister lachte und meinte, dass er lange auf diese Frage gewartet hätte.

Der Meister erklärte ihm, dass er nun gegen einen anderen Schüler kämpfen solle, und dabei an nichts denken darf. Keine Techniken, keine Positionen; er sollte an nichts denken, er sollte es einfach fließen lassen. Dabei meinte er, dass es keine falschen Techniken gibt, wenn sie funktionieren. Die Kata müsse immer korrekt ausgeführt werden, im Kampf wäre das aber anders, meinte der Meister weiter. Darum gäbe es nur wenige Grundpositionen. Der Schüler musste sich konzentrieren und lernen loszulassen. Er durfte an keine Technik denken. Er sollte nur auf seine Reaktion vertrauen.

Alles was er erlernt hatte, durfte nun nicht mehr vorhanden sein.

Als es zum Kampf kam, und der Meister-Schüler den Kampf klar gewann verstand er, dass alle Bewegungen und alle Techniken tief in seinem Inneren verwurzelt waren, ohne dass er es bemerkte oder es ihm bewusst war. Der Schüler lernte, dass eine Kata mehr war als Kampf; eine Kata ist auch Üben, Lernen und Verinnerlichen. Und wieder musste der Schüler, neben den wenigen Grundpositionen, die Übungen begreifen, verstehen und erlernen. Er erlernte viele Techniken, feste Stände, Gegenbewegungen und Körpereinsatz. Und so trainierte er jede Kata mit dem entsprechend richtigen Verständnis.

Der Schüler trainierte weiter viele Jahre nach der Lehre seines Meisters. Er wurde selbst ein bekannter Okinawa-Te Meister der viele große Kämpfe bestritt und gewann. Was niemand wusste: seine Kämpfe beruhten nur auf wenigen Grundpositionen des Bubishi seines Meisters und aus dem richtigen Verständnis der Kata.

Der Schatz im Katasee

Ja, man könnte von einem Schatz reden. Aber um ihn zu finden, muss man erst wissen dass er existiert.

Viele Karateka glauben eher an Aliens als an eine Besonderheit in den Kata. Hier möchte ich noch einmal näher darauf eingehen, wie man Kata erforschen kann. Leider sind im Goju- Ryu viele mir unbekannte Kata. Ich denke aber, dass es dort ähnliche Beispiele gibt.

Noch einmal kurz wiederholt.
Wenn man Kata trainiert und in aller Ruhe miteinander vergleicht, könnte man oftmals von verwandten Techniken sprechen. Man könnte - *würde man es familiär sehen* - von Zwillingen, Brüdern, Schwestern, aber auch Cousinen und Cousins reden. Man sollte aber auch den Techniken entsprechend Spielraum lassen. Dann erkennt man die Verwandtschaft eher.

Auf diese Weise wollen wir einmal die Katatechniken einteilen. Ich versuche einmal hier einige Beispiele zu beschreiben. Alle zu beschreiben und zu verknüpfen, würde sicher den Rahmen dieses Buches sprengen. Außerdem müsste man auch die veränderten Kata mit einbeziehen.

Beispiel:
Vergleichen kann man die ersten Techniken der **Pinan Nidan** (*In Japan die Pinan Shodan*) mit den ersten Techniken der **Chinte**. Ein Vergleich der Heian Shodan mit der Chinte ist nicht mehr möglich. Hier wurden die Zusammenhänge mit den Änderungen auseinander gerissen.

Auch Verknüpfungen und passende Folgetechniken, *wie in der Heian Yondan Technik 1 mit Technik 11*, kann ich hier nicht alle offenbaren. Daher handelt es sich hier nur um eine kleine Übersicht. Auch innerhalb einer Kata, werden oft vergleichbare Techniken – *und somit die Kampfaspekte* – nicht erkannt. Man sollte noch einmal auf Ähnlichkeiten der Jodan, Chudan und Gedan Techniken achten; und die einzelnen Techniken, die man auch gleichzeitig machen könnte, und sogar sollte, erkennen.

Hier eben nur eine kleine „anfängliche" Übersicht.

Da ich noch nicht alles bildlich darstellen kann, muss ich mich beim Aufzählen der Techniken an die Tafeln von Albrecht Pflüger halten. Die dürfte ja jeder kennen.

Gruppe 1 Jodan, Doppeltechniken
Abwehr. Heian (Pinan) Yondan, Technik 1
Heian Nidan (Pinan Shodan), Technik 1
Heian Godan, Technik 9 (Juji-Uke)
Meikyo Technik 26, 27 (Morote Haiwan Uke)
Jion, Technik 34, mit 35, 36, 37 in Folge
Bassai Sho, Technik 1 (Awase-Uke)
Gangaku,Technik 1 (Sokumen Awase-Uke)

Gruppe 2 Jodan, einhändige Blocktechniken nach innen.
Z.B. Nagashi-Uke, Osae-Uke, Otoshi-ude-Uke
Heian Nidan Technik 2 bzw. 5
Heian Godan, Technik 21a und 23a (Nagashi-Uke)
Enpi Technik 7 und 11
Gojushiho Sho, T. 42
Bassai Dai, T. 25a
Kanku Dai, T. 19 und 24
Nijushiho, T 2 - T 23 und 29

Gruppe 3 Chudan, beidhändige Blocktechniken wie Kakiwake Uke
Heian Yondan, T. 14 und 18
Jion, T. 2, 7 und 33
Gangaku, T. 12, 13, 19, 24
Nijushiho, T. 7
Chinte, T. 17
Bassai Sho, T. 18
Ji'in, T.12, 17, 33
Meikyo, T. 2, 29
Wankan, T. 4
Gojushiho-Sho, T. 2, 3

Gruppe 4 Chudan- Gedan
Heian Sandan, T. 2, 3 und 5, 6
Jion, T 1
Empi, T. 31, 32, 33
Hangetsu, T. 11 – 16
Jitte, T. 2
Chinte, T. 13
Tekki Sandan, T. 14, 15
Ji'in, T. 1, 16, 21, 30, 31
Gojushiho-Sho, T. 16, 21, 32, 45

Das war jetzt nur eine sehr kleine Übersicht der verbundenen Katatechniken. Wenn man sich intensiv damit beschäftigt, könnte man ein dickes Buch füllen, mit Techniken und Kombinationen. Man könnte sogar, aus diesen Kata- Erkenntnissen, ein neues moderneres Bubishi zusammen stellen.

Kata und die Chinesische Schrift.

Wie schon beschrieben, muss man die einzelnen Techniken der Kata wie Domino- oder Mahjongg-Steine betrachten und entsprechend damit üben. Katatechniken sind Symbole wie die Schrift der Chinesen. Daher ist auch oft die Denkweise und die Trainingsweise mit symbolischen Hilfsmittel verbunden. Es ist zu einfach einer Kata zwangsweise das viel zu enge, und einzige, Bunkaikleid anzuziehen.

Jede Technik symbolisiert eine Trainingsanweisung.

Die chinesische Schrift ist aus Bildern entstanden. Im Laufe der Zeit wurde die Schrift vereinfacht. Wenn die alten Chinesischen Kampfmeister in Bildern dachten, steckt mehr in den einzelnen Katatechniken, als wir heute ahnen. Und somit kommt auch wieder das Bubishi ins Spiel.

Man muss Gruppen bilden mit zueinanderpassenden Techniken, und dann für jede Gruppe eine **Bubishi-Standardposition** suchen. Standardpositionen deshalb, weil im Ernstfall eh nur wenig und gut eingeprägte Techniken übrig bleiben. Man übt vieles; und das ist auch notwendig. Am Ende wird aber nur wenig Standardabwehr herauskommen. Die Standardpositionen symbolisieren auch die zu trainierenden Gruppen. Man merkt sich nur wenige dieser Positionen und übt dann alle aus den Kata passende Techniken.

Dazu sollte man vielleicht mit der Jion anfangen. Technik 34 – 37 (**Zählweise nach Pflüger**) bietet wunderbare Möglichkeiten. (beidhändige Techniken) Dabei sollte man auch beachten, dass es bei Technik 35 zwei verschiedene Versionen gibt. Man sollte diese Version mit der Heian Godan vergleichen.

Und nicht zu vergessen: Diese Übungen dienen der Schulung und Erweiterung unserer angeborenen motorischen Reflexe und Geschicklichkeit. Man sollte nicht entgegen dieser Motorik trainieren.

Es ist also wichtig eine Katatechnik herauszusuchen und einfach inne zu halten. Man muss die Technik langsam, immer wiederholen, und sich dabei an ähnliche Techniken aus anderen Kata erinnern. Man muss sie miteinander kombinieren und ihren Ursprung erforschen. Oftmals müssen diese Techniken auch wesentlich schneller geübt werden, als dies in den Kata geschieht. In den Kata ist es eben nur eine symbolische Darstellung einer Trainingsanweisung. Somit besteht eine Kata aus vielen symbolischen Trainingsanweisungen. Wenn man die Formen aufgibt, kann man die verschiedenen Techniken, die darin enthalten sind, auch außerhalb der Kata einzeln in allenVarianten trainieren. Dabei müssen die Techniken nicht schön sein, wie bei einer Katameisterschaft; sie müssen funktionieren. Wer das versteht und dementsprechend übt, hat den Weg zur höchsten Trainingsstufe des Karate erreicht. Jetzt muss man ihn nur noch gehen. Doch es dauert lange bis man dort hin kommt. Aber der Weg zur Schatzinsel war auch weit.

Beachtet man das nicht, oder erkennt man das alles nicht, endet eine wirkliche Kampfsituation nur in einer wilden oder hilflosen Schlägerei. Hat man den wahren Kampfstil des Karate ergründet, ist man irgendwann imstande anders zu reagieren als bei einer Wirzhausschlägerei.
Das ist RICHTIGES Katatraining.

Nur so, kann aus der Vielfalt der Katatechniken ein automatisiertes Reagieren im Ernstfall entstehen.

Nochmal ein wichtiges Zitat.
Wenn man die etwas mehr als dreißig Kata betrachtet, die wir üben, wird man erkennen, dass sie im Wesentlichen lediglich Variationen von nur einer Handvoll sind.
Gichi Funakoshi

Auf Okinawa gab es früher nur Kata. **Kenei Mabuni** schreibt in seinem Buch „**Leere Hand**", dass sein Vater Kenwa Mabuni (**Gründer des Shito Ryu Karate**) die Katatechniken eindrucksvoll in der Anwendung mit Partner demonstrierte. Das war der alte Weg zum Karate-Do. Es gab auf Okinawa, **Kanku-Training**, **Naifanchi-Training** oder **Passai-Training**. Das Training wurde eben nach den Kata benannt. Und danach wurden auch die Techniken trainiert.
In Japan musste man alles für die große weite Welt standardisieren und genau beschreiben. So entstand Kihon. Diese japanische Form des Kihon wird heute immer noch genau so trainiert. Doch bei den Techniken, die man in der Grundschule lernt, handelt es sich nur um einen winziger Teil der wirklichen Techniken, die in den Kata enthalten sind. Und diese Techniken werden sehr oft und systematisch übersehen.

Kaputtverbesserte Kata

Anhand der **Shorin Pinan Nidan** und der **Heian Shodan** kann man die Unterschiede gut erkennen. Ich möchte zeigen, wie sehr auch nur minimale Veränderungen, die Kampfkonzepte und die Bunkai Gedanken verändern und verderben können. Wie sehr man grandiose Techniken ignorieren kann, oder nicht versteht, wird hier auch beschrieben.

Wie schon beschrieben wurden die **Heian Kata** von Gichi Funakoshi aus den **Pinan Kata** entwickelt. Es heißt, dass er diese Kata nicht von **Itosu Yatsune** selbst, sondern – *direkt oder indirekt* – von Kenwa Mabuni lernte. In seinem Buch „**Karate no Nyumon**" steht allerdings, dass er die Kata selbst bei seinem Meister Itosu lernte. Die Änderungen dieser Kata stammen von Gichi Funakoshi und seinem Sohn Yoshitaka.

Ob Mabuni die Kata genau so weiter gegeben hat wie sein Meister es ihm zeigte ist mir noch nicht bekannt. Aber um zu wissen was falsch gelaufen ist, muss man die Ursprungskatas kennen. Daher sind hier die Shorin Versionen als Grundlage beschrieben. Sie ist, in vielen Shorin-Vereinen, die älteste Version.

Die Heian Shodan stammt nicht etwa von der Pinan Shodan, sondern von der Pinan Nidan ab. Wie schon beschrieben, hat Funakoshi die beiden Kata getauscht.

In der Shorin Pinan Nidan kommt zu Beginn eine Drehung nach links in eine Nekoashi Position mit einem, im Halbkreis geschlagenen, Tettsui Uke. Wobei die Drehung nicht mit einer Vorwärtsbewegung Richtung Gegner erfolgt, sondern - *mit der Armtechnik* - etwa eine halbe Fußlänge zurück, Neko-Ashi-Dachi eingenommen wird. Gefolgt mit einem kurzen Schritt vorwärts mit Chudan Zuki.

In der Heian Shodan wird hier ein Gedan Barai in tiefen ZK, vor in Richtung des Angreifers, gemacht. Gefolgt von einem tiefen Oi-Zuki.

Das hat mit der alten Kata nichts mehr zu tun.

Die Drehung in die andere Richtung in der Shorin Pinan Nidan erfolgt wieder mit kurzen Schritt (ZK) und Gedan Barai. Dieser Gedan Barai dient aber nicht unbedingt der Abwehr gegen einen Fußtritt, sondern auch um die so empfindliche Seitenpartie zu decken. Ein Gegner visiert die Nieren, kurze Rippen oder die Leber, an um uns einen empfindlichen Schlag mit seiner linken Faust zu versetzen. Wir blocken mit besagtem Gedan Barai.

Der kurze Zenkutsu Dachi wird nun zurückgezogen in Neko Ashi Dashi. Es folgt die gleiche Technik - *ein kreisförmig geschlagener Tettsui Uke* - wie schon zuvor in der anderen Richtung beschrieben.

- Wobei hier ein zweiter Faustschlag des Gegners mit seiner rechten Hand geblockt wird.
- Oder ein Griff an der Schulter abgewehrt wird.
- Oder die zuvor geblockte Hand kontrolliert wird.
- Oder ein Befreien aus eine Handgelegumklammerung.

Sie sehen, es gibt immer mehrere Möglichkeiten der Anwendung.

Der Griff an die Schulter ist sehr realistisch, weil viele Schlägertypen ihren Faustschlag, durch vorhergehendes Greifen, vorbereiten. Aus Neko Ashi Dashi heraus kann man nun schnell zu einem Oi-Tsuki wechseln.

So gesehen, ergibt dieses Zurückziehen des vorderen Fußes – ob nun in Renoji-Dachi oder in eine Nekoashi Position -, einen ganz klaren Sinn. Durch die kreisförmige Technik – *die auch am Anfang der Chinte vorkommt* – richtet man sich natürlich auf, um die Technik besser ausführen zu können. Durch das Aufrichten und kurze zurückziehen des Körpers, gewinnt man die nötige zusätzliche Zeit, Abstand und Energie, einen zweiten Schlag des Gegners zu blocken und selbst die Initiative ergreifen zu können.

In der Heian Shodan folgt an dieser Stelle eine Drehung in eine tiefe Zenkutsu Dachi Stellung mit Gedan Barai.

In der alten Nakayama Version wird jetzt der Tettsui Uchi, nach einem kurzen heranziehen des vorderen Fußes, wieder in Zenkutsu Dachi ausgeführt. Kanazawa hielt sich aber mit Renoji-Dachi mehr an das Original.

Die Bunkai Erklärung in gängigen Bunkai Büchern ist auch völlig anders. In der Karatewelt allerdings gibt es viel bessere Erklärungen. Ich stehe also bei weitem, *mit dieser Beschreibung*, nicht alleine da.

Gängige Bunkai Bücher:
Man hat einen Mae Geri abgewehrt wobei es dem Gegner gelungen ist das Handgelenk zu umklammern.

An dieser Stelle muss ich noch eine kleine Zwischenbemerkung machen: Wieso sollte mich jemand, der gerade versucht hat mich mit einem Hüftschlag oder Tritt, zusammenzutreten, am Handgelenk fassen? Und wieso glaubt man, dass das im Ernstfall überhaupt jemanden gelingt? Und dann, bitte, nicht so viele „Handgelenkumklammerungen" in den Selbstverteidigungskursen oder Bunkai-Erklärungen einbauen. Das macht niemand; wenn, dann nur bei sehr viel schwächeren Menschen.
Erklären Sie einmal einem Richter, dass Sie jemanden auf die Zwölf gekloppt haben, weil er Sie am Handgelenk fasste.

Man befreit sich aus der Umklammerung und führt einen Tettsui Uchi weit nach vorne in tiefen Zenkutsu Dachi aus. Wobei der Tettsui Uchi auf den Kopf oder die Schulter des Gegners gerichtet ist.

Man kann das durchaus so sinnvoll mit Anfängern trainieren. Es weicht aber extrem vom Ursprung ab.

Funakoshi hat – in den japanischen Anfangsjahren - die Technik so belassen wie im Original. Man muss auch wissen, dass sein Zenkutsu Dachi nicht so tief war wie später zu Nakayamas Zeiten.

Ich bin der Ansicht, dass man diese Technik nicht richtig erkannt hat. Es ist eine vielseitig einsetzbare Technik die Gedan, Jodan und Chudan einsetzbar ist. Es ist nicht nur ein Tettsui Uchi, sondern (*unter Anderem*) auch ein kreisförmig ausgeführter Tettsui Uke. Aber wie ich schon oben schrieb: Nicht nur ich habe das erkannt.

Im Jahr 2002 wurde das wieder, der Standardisierung wegen, geändert. Man geht wieder, mit dem Tettsui Uchi, tief in Zenkutsu Dachi.

Jetzt müsste ich mit der Heian Nidan und der Shorin Pinan Shodan weiter machen. **Aber, schauen Sie sich die Anfangstechnik einmal selbst an.** Nutzen Sie das Internet. Es gibt gravierende Unterschiede. Obwohl die Techniken beider Kata ähnlich aussehen.

Ich kann wirklich nicht alles beschreiben, was mir aufgefallen ist.

Ignorierte und vergessene Techniken

Nun könnte man weitere Kapitel füllen, mit vergessenen, nicht erkannten oder kaum erwähnten Techniken.

Zum Beispiel mit:

Kake-Uke, Ashikubi-Kake-Uke, Hasami-Uke, Hotoke- gamae, Kosa-Uke, Makite-Uke, Mawashi-Uke, Muso-Uke, Sagurite- Uke, Suirakan no kamae, Torite-Uke, Wari-Uke.

Die alten Kata, die noch in Okinawa unter ihren unveränderten Namen gelehrt wurden, waren voller Techniken, die im modernen Karate (z.B. Shotokan) nicht übernommen, wenig beachtet oder kaum erkannt wurden.

* Teilweise sind solche Techniken vorhanden; man erkennt sie bloß nicht.
* Teilweise gibt es die Techniken noch, man hat sich nur nicht intensiv genug damit beschäftigt. In den meisten Prüfungsprogrammen fehlen bisher solch schöne Techniken. (z.B. Sokumen- oder Haishu Awase-Uke, Mawashi-Uke)
* Teilweise wurden solche Techniken aber auch durch andere, ähnliche Techniken die man kannte, ersetzt.

Anhand des **Sagurite-Uke** möchte ich das einmal näher beschreiben.

Am Ende der Bassai-Sho – *die zusammen mit der Bassai-Dai aus der Passai stammt* – sind die Techniken der Kata mit „**Morote- Hiki- Otoshi**" bezeichnet.

Ich möchte nachher noch Trainings- und Anwendungsmöglichkeiten dieser Technik ansprechen. Denn wenn man die alte Technik aus der **Oyadomari no Passai** betrachtet, erscheint diese Variante wieder einmal auf dem Haus der Unwissenheit aufgebaut zu sein.

In der **Passai** ist es – *neben einer ganz alten und anderen Form des Shuto-Uke* - ein **Sagurite-Uke**. Das bedeutet „*suchende Hände*".

Es ist eine reine Verteidigungs-Technik, mit der man sich mehr auf den Tastsinn als auf das Auge verlässt. Es ist eine beidhändige Abwehrtechnik, bei der beide Handflächen nach unten zeigen. Sie wird ähnlich den alten Okinawa Shuto-Uke Versionen ausgeführt.

Die vordere Hand wie beim Shuto-Uke, Handfläche aber nach unten. Die hintere Hand eine Handlänge dahinter und die Handfläche zeigt ebenfalls nach unten.

Es ist eine schöne Abwehrtechnik, die es in den Japanischen Stilarten nicht gibt.

Diese Version würde auch den am Ende der Bassai Dai ausgeführten Shuto-Uke, der nach hinten, mit Blick in die entgegengesetzte Richtung gemacht wird, erklären.

In der „**Itosu-Passai**" von Itosu Yatsune kann man offenbar noch die Schlusstechniken so sehen wie er sie ursprünglich lernte.

Aber ... Wenn man die beiden neuen Versionen des Meisters ITOSHU (*Bassai Dai und Bassai Sho*) genauer untersucht, entdeckt man wieder verschiedene Trainings- und Anwendungsmöglichkeiten der alten und neuen Formen dieser Kata.

Verbinden Sie doch einmal in der Bassai Sho den Morote- Koko-Uke (*oder auch oft mit „Bo-Uke" bezeichnet*) direkt mit dem Ende der Kata. (Dominostein-Karate)

Vergleichen Sie auch diese Technik (Bo-Uke) mit dem Ende der Jion; der ersten Technik der Heian Nidan und Heian Yondan.

Drehen Sie beim üben des Sagurite-Uke einfach mal die Handflächen nach oben, statt nach unten! Spielen Sie etwas mit diesen Techniken herum.

Seien Sie nicht so einfallslos. ;-)

Man hat die Kata in Japan, den wenigen Grundschultechniken angepasst, die man kannte. Und wenn solche Techniken doch vorhanden waren - wie „Kake-Uke" oder „Mawashi uke" - wurden sie nicht weiter beachtet.

Nun sind aber viele solcher Techniken, noch immer unerkannt in vielen Kata enthalten. Die alten Kata sind voller schöner Techniken und Stellungen (z.B. Sanchin Dachi, Sochin-Dachi, Hangetsu-Dachi), die man - wegen dem eiligst notwendigen Wettkampftraining - nicht suchte, nicht brauchte, nicht beachtete oder nicht erkannte.

Jetzt könnte man mit der Enpi (Wanshu), Nijushiho (Niseishi), Jitte und anderen Kata oder Kakie weiter machen.

In der **Nijushiho** könnte man zum Beispiel den **Mawashi Uke** am Ende der Kata erwähnen. Nur wenige Karateka wissen, dass es ein Mawashi Uke ist. Obwohl diese Technik auch in der Unsu am Ende gleich zwei mal gemacht wird. Und wer sehen will wie man diese Technik grundschulmäßig in Anwendung trainiert, muss bei den „alten Karate-Stilarten" nachschauen. Ich brauchte ein halbes Jahr bis ich heraus fand, was man mit dieser Technik machen kann.

Nur ein Tipp: Nicht alle Angriffe werden mit einem schnellen harten Schlag gemacht.

Wenn man Kata nicht ernst nimmt, nimmt man auch diese vielen schönen und wirkungsvollen Techniken nicht ernst.

Ein Lichtblick am Horizont ist das Stil offene Prüfprogramm; wenn man es dazu nutzt.

Aber, um Wettkampferfolge nachhause zu tragen, reichen die tausend mal geübten - *und bis zum höchsten Prüfprogramm gleichbleibenden* - Grundschultechniken. Die Kihon- Programme sind zwar etwas schwerer, je höher die Prüfung, aber die Techniken sind immer die selben. Dabei wird auf Athletik großen Wert gelegt. (Jodan Mawashi Geri, Jodan Ura Mawashi Geri)

Aber Karate ist heute auch Breitensport, bei dem viel Wert auf Gesundheit und Selbstverteidigung gelegt wird. Dort schaut man schon mal tiefer in die Vergangenheit und die Vielfalt des Karate-do. Und man schaut auch schon mal, was es für Techniken und Stellungen in den Kata gibt und wie man diese anwenden kann.

Vergessene und verfälschte Techniken

Die Veränderung des Shuto Uke wurde ja bereits beschrieben.
Um es noch deutlicher zu machen, warum es wichtig ist in der Vergangenheit und bei den Ursprungskatas zu forschen, wollen wir uns jetzt einmal mit einer Technik aus der Enpi und deren Ursprungskata, der Wanshu, beschäftigen. Man muss aber schon etwas „graben", um diese alte Version noch zu finden.

In der Enpi gibt es die Technik „**Age-Zuki**". Diese Technik stammt ursprünglich aus der Technik „**Kakushi-Zuki**".

Kakushi-Zuki ist jedoch viel komplexer als Age-Zuki. Vor allem, es steckt viel mehr dahinter.
Kakushi-Zuki wird meist bezeichnet mit „*Versteckter Faust*". Es heißt, dass man die Faust hinter dem Rücken verborgen hält, und von dort aus, eine peitschenartige Bewegung Richtung Kopf des Gegners ausführt.

So, nun mal langsam. Das ergibt keinen Sinn. Man kann Kakushi-Zuki statt Age-Zuki auch gut ausführen, wenn man die Faust nicht hinter dem Rücken hält.
Und die Faust verstecken, dass der Gegner sie nicht sieht? .... Nein, das ergibt auch keinen Sinn.

Hier muss man einmal mit einen Irrtum vorweg aufräumen.

Als Meister Funakoshi 1921 zum ersten mal nach Japan kam, war Karate noch unter dem Namen "**Okinawa-Te**", bekannt; was soviel bedeutet wie "Handtechnik" . Es gab auch Bezeichnungen wie „**Tode**" oder „**Karate**". Wobei das Wort „Karate" in Okinawa nicht „leere Hand" - wie in Japan – sondern „China-Hand" bedeutete. In Japan wurde dann der alte Name in "Karate-Do" - was "Der Weg der leeren Hand" bedeutet – umbenannt.

Die kämpfenden Hände der alten Okinawakämpfer waren jedoch nicht immer leer. Es wurden Techniken mit **Bo** (Stock) und **Sai** (auch Jitte - Gabelförmige Stichwaffe) trainiert. Außerdem gab es noch die **Tonfa, Kama, Nunchaku** und andere.
Es gibt sogar noch Fotos, die Gichi Funakoshi mit Sai und Bo zeigen.
Das alte Okinawa-Karate hat seinen Ursprung größtenteils in China. Und die alte Chinesische Kampfkunst war voller Waffentechniken. Und die Wanshu – *also die Ursprungskata der Enpi* – stammt aus China.

Und nun zurück zu unserer Technik.
Wieso sollte jemand die leere Faust hinter dem Rücken verbergen? Jeder „Messerheld" kann sein Messer so geschickt verbergen, dass man es erst zu Gesicht bekommt, wenn es zu spät ist. Und genau das, wurde hier trainiert; das Verbergen und schnelle Einsetzen einer Waffe. Wobei es kein Messer sein muss. Das funktioniert auch mit anderen Waffen. Ja, das funktioniert sogar – wenn man Kakushi-Zuki richtig einsetzt – mit modernen Teleskopschlagstöcken. Da man solche Waffen im Einsatz (Polizei, Wachdienst, Ordnungsamt) oftmals genau dort am Gürtel trägt, wo in der Wanshu die Faust „versteckt" wird, ergibt das nicht nur einen Sinn für die „alten Kämpfer", sondern auch in der „modernen Zeit" ist die Technik gut einsetzbar.

Und was ist daraus geworden? Ein Age-Zuki, den kein Mensch ernsthaft genau so macht, wie in dieser Kata. Dann lieber ein Age-Uke als Angriff.

Kata, Kumite und Grundschule

Nun kann man vieles miteinander verbinden und besser verstehen.

Bunkai oder Kampfaspekte?

Nun versteht man auch besser, was die „Alten Okinawa-Te Meister" meinten, als sie nicht etwa von Bunkai redeten, sondern von den viel wichtigeren, und den eigentlichen Sinn der Kata entsprechenden, *Kampfaspekten*.

Bunkai ist eigentlich nur eine Bezeichnung für einzelne Anwendungsbeispiele aus den Kata.
Man muss den Geist einer Kata, das System der Kata und den Kampfstil der Kata verstehen.

Wenn man einen nassen Schwamm in Händen hält und nichts unternimmt, tropft nur wenig Wasser heraus. Wenn man aber den Schwamm auswringt, erhält man sehr viel Wasser. Und so ist das auch mit den Kata.

Das bedeutet aber auch, wenn die Kata nicht nur auf Bunkai, sondern auf Kampfaspekte aufgebaut wurden, sind einige Techniken vom Standpunkt des Bunkai, nicht alle zu erklären.

Die Gegenbewegung
Die **Heian Sandan** ist eines der vielen Beispiele, wie wenig wir wirklich die Techniken der alten Okinawa-Kämpfer verstehen.
Dabei haben wir die Lösung direkt vor unserer Nase. Die erste Technik ist ein klassischer Uchi Uke. Kurz ausholen und mit Uchi Uke blocken, wobei eben mit dem anderen Arm eine entsprechend starke Gegenbewegung erzeugt wird. Um das grundschulmäßig am Anfang zu üben, sollte man die Ausholbewegung etwas deutlicher machen.

Aber bitte, keine zusätzliche Blocktechnik aus der Ausholbewegung machen. Das ist intellektueller Unsinn.

Nach diesem ersten Uchi-Uke seitlich, folgt aber etwas Besonderes. Ich ziehe den hinteren Fuß heran und stehe jetzt frontal zu meinem Gegner. Diese Situation ist nicht untypisch. Sie ist eher am häufigsten Ausgangspunkt einer Auseinandersetzung. Nun werden die nächsten Techniken als Doppelblock erklärt.

Das wollen wir an dieser Stelle einmal vergessen.

Nun können wir nicht mehr ausholen um mit Uchi Uke zu blocken. Dazu haben wir keine Zeit. Wir können auch die andere Faust nicht zur Hüfte zurückziehen. Das ist in frontalen Situationen nicht unbedingt ratsam.

Es muss sich nicht immer unbedingt um eine Gegenbewegung handeln. Es kann sich auch um eine unterstützende motorische Hilfsbewegung handeln, die als Beidhandtechnik zum Angriff oder als zusätzliche Deckung dient. Machen Sie das, liebe Leser, einmal ohne Gegenbewegung oder beidhändiger Unterstützung, mit nur einem Arm! Es wird Ihnen nicht gelingen, einen solchen Schlag zu stoppen.

Nun führen sie eine starke Gegenbewegung mit der rechten Hand aus, indem Sie es genau so machen wie in der Heian Sandan; mit einem starken Gedan-Barai oder Gedan-Zuki! Dadurch, dass die beiden Techniken zusammenwirken, unterstützen sie sich gegenseitig enorm.
Es funktioniert in dieser frontalen Situation besser, als die andere Faust an die Hüfte zurückzuziehen. Sie werden erkennen, dass die alten Kämpfer in Okinawa genau wussten, wie sie effektiv blocken konnten, ohne einen Kilometer weit ausholen zu müssen. Das Gleiche gilt natürlich auch, wenn man statt des Uchi-Uke, mit Gedan Barai blocken muss. Diese starke Übung der Gegenbewegung wird leider nur selten erkannt. Sie ist aber sehr wichtig. Gegenbewegung in Perfektion heißt nämlich dann: Blocken und Kontern in einem Takt. Hat man das erkannt, bieten sich viele Trainingsmöglichkeiten.

Sie können auf diese Weise viele Techniken, die in den Kata einzeln, im Takt, geübt werden, zusammen trainieren.

Sie erkennen wie wichtig es ist alles miteinander zu verbinden. Grundschule, realistische kurze und schnelle Techniken und die richtige Gegenbewegung mit der entsprechenden Körperspannung.

Nun erkennen wir:
Immer mit beiden Händen Kämpfen. Links Uchi Uke und andere Faust an der Hüfte? Nein, sorry. Das geht im Kampf gar nicht. Das sind „Sandsackübungen".
Man sollte also nicht immer versuchen zwangsweise Bunkai in die Kata hinein zu interpretieren. Es ist viel wichtiger, wenn man deren wahren Sinn erkennt.

Jion (Technik 34-37)
Wer das ernsthaft übt und weiter ausbaut, trainiert weit über das hinweg, was die eigentliche Bunkaiübung ermöglicht. Und das ist nur eine einzige Technik aus der großen Jion. Der Beginn der Jion ist eben genau so zu verstehen wie die Beschreibung der Heian Sandan. Wer diese Gegenbewegung beherrscht, kann die Technik 34-37 aus der Jion üben.

Die Kampfaspekte der **Tekki Kata** sind, neben den Armtechniken auch Beintechniken in den Gedan-Bereich zu führen. (Schienbein, Knie, Oberschenkel.) Wenn man die alte Ursprungskata sieht, erkennt man das eher. Bei den Kampfübungen im Dojo ist auf beides zu achten.

Auch die Kampfaspekte der **Hangetsu** (Seisan) dürften klar sein. Auch in der älteren Seisan werden die hohen stabilen Stellungen trainiert. Man steht nicht tief, sondern aufrecht in einer Stellung, in der wir möglichst viel Bodenkontakt herausholen. Richtige Atmung, richtige Muskelanspannung und Schwerpunkt spielen eine maßgebliche Rolle. Dies muss man erst einmal können. Wer diese, und ähnliche Stellungen, beherrschen will, muss viel üben. Und ich denke, dass es genau darum geht, in dieser Kata. Man übt es erst langsam. Dann trainiert man es am Partner. Wie stabil kann man denn stehen? Dann übt man andere Techniken. Und zuletzt alles in besagter aufrechter Stellung, in der man sich regelrecht in den Boden zu schrauben versucht. (Nicht wörtlich nehmen!) ;-)

Man trainierte mit den Kata Kampfstil und Kampfsystem des Meisters. Früher trainierte man wenig Kata, aber diese sehr lange und intensiv. Dabei trainierte man nicht nur den einfachen Ablauf oder die Perfektion der Techniken; sondern eben diese Kampfaspekte. Man trainierte Kampfstil und Kampfsystem des Meisters, die in seiner Kata symbolisch, durch einzelne Technikbeispiele, enthalten waren. Dann hatte man lange zu tun, um wirklich zu verstehen was in einer solchen Kata steckt.

Eine Kata entstand also aus den einzelnen Übungsplänen der alten Okinawa-Te Meister. Diese Übungspläne beinhalteten aber nicht einzelne Abwehrtechniken gegen gewisse Angriffe. Ein Meister packte sein ganzes Übungskonzept in seine Kata. Jede Technik war nur eine Erinnerung an einen Übungsplan. Dann redet man nicht von Bunkai, sondern von Kampfaspekten. Man redet vom Kampfstil und dem Kampfsystem der Meister.

Ein erfahrener Meister, konnte die Technik eines anderen Meisters erkennen, wenn er dessen Kata sah.

Heute lernt man viele Kata, und sehr oft ohne Sinn. Es ist durchaus gut, wenn man viele Kata beherrscht. Aber wirklich ernsthaft beschäftigen, kann man sich nur mit wenigen. Dabei ist es gut, wenn man ähnliche Techniken, die man gerade trainiert, auch in anderen Kata wieder findet und vergleichen kann. Die gerade geübte Kata sollte man dabei aber nicht verlassen.

Wir haben Angriffstechniken wie auch Blocktechniken. Man muss jetzt nur noch die Möglichkeiten ausschöpfen und üben.

Aber in drei Monaten schafft man das nicht. Anfängern sind hier auch Grenzen gesetzt. Darum sollte man immer wieder zu den alten Kata zurückkehren und sein Niveau anheben.
Abhaken sollte man eine Schülerkata nie.

Kumiteübungen und Bunkai

Befassen wir uns noch einmal kurz mit den einzelnen Kumiteübungen. Denn diese Kumiteübungen sind eigentlich sehr gut geeignet, Tai Sabaki zu trainieren. Sie sind auch geeignet Kata-Bunkai zu trainieren.
Doch vergleichen wir einmal kurz.

Altes Okinawa-Karate.
Basis = Kata,
Kampfstil = Bunkai-Kumite,
Ziel = Selbstverteidigung und Kunst des Kampfes.

Modernes Japan-Karate.
Basis = Kihon
Kampfstil = Wettkampf-Kumite
Ziel = Wettkampferfolg Kämpfen nach Regeln

Eigentlich enthält die Kata alles was man braucht um Karate zu lernen. Aber warum erkennt man das damit nicht? Es wurden viele verschiedene Kumiteübungen entwickelt, die auf Grundschultechniken aufgebaut sind.

Bunkai-Kumite

Darunter versteht man einzelnen Techniken aus den Kata mit Angreifer zu üben. Zwei Kämpfer stehen sich gegenüber und üben eine Blockkombination aus einer Kata. Dabei kann es sich um eine Blocktechnik, oder um mehrere - *wie in der Jion Technik 34-37* - handeln. Der Angriff richtet sich nach dem zu übenden Block. Hier wird man schnell merken, dass man die Techniken oft schneller und fließender machen muss, als in den Kata. Man kann den Schwierigkeitsgrad entsprechend erhöhen. Ziel ist, die Katatechniken so zu erlernen, dass man sie bis zum realen Kampf und zur realen Selbstverteidigung steigert.
Allerdings gibt es hier immer nur einen Angreifer und einen Verteidiger. Wir kommen noch mal darauf zurück.

Um aber Wettkampf zu ermöglichen, müssen beide Kämpfer angreifen. Außerdem ist es schwierig Wettkämpfe zu ermöglichen, wenn man die Möglichkeiten, die Kata bieten, nicht richtig erkennt. Nun ja, mittlerweile fordert man beispielsweise im Sotokan-Prüfprogramm Bunkaikenntnisse. Das ist auch gut so. Selbstverteidigung war früher auch einmal Bestandteil dieses Programms.

Hier werden erst einmal Kumiteübungen beschrieben, die es nicht nur im Shotokan gibt, sondern auch in einigen anderen Stilarten.

Aber zuerst noch Fehler, die manchmal gemacht werden und dann auch lustig aussehen.

Fehler 1
Wenn man eine Abwehrtechnik gegen z.B. einen Mae-Geri übt

– *oder sogar demonstrieren will* – sollte Uke auch ein Ziel bieten. Wenn Uke seitlich abgedreht steht und Tori nur die „grüne Seite" mit ausgestrecktem linken Arm zeigt, warum sollte man dann einen Mea-Geri treten; und wohin?

Fehler 2
Tori weiß, (wegen einer abgesprochenen Übung) wie und wohin Uke blockt. Darum schlägt oder tritt Tori schon in die entsprechende Ausweichrichtung.

Fehler 3
Tori macht es Uke zu einfach. Die Angriffe sind nur halbherzig. Der Abstand der Angriffstechnik ist zu groß, würde nicht treffen oder geht am Ziel vorbei, ohne dass Uke groß ausweichen oder blocken muss.

Und eines, das leider auch vorkommen kann, möchte ich noch hinzufügen.
Es gibt auch leider immer wieder Partner, die zeigen wollen wie gut sie sind und wie schlecht Sie selbst sind.
Beispiel: Age Uke wird geübt. Ihr Partner weiß das. Er weiß genau, dass Sie mit Age Uke abwehren. Nun greift er mit Oi-Zuki an; drückt aber ihren Age-Uke Arm sofort mit aller Gewalt nach unten. Nun sehen Sie sehr alt aus. Es sieht so aus, als könnten Sie diese Technik nicht. Das gibt es leider – in dieser Form oder ähnlich – schon mal in Vereinen. Machen sie dann keinen Age Uke, beim nächsten Mal sondern eine andere passende Abwehr.

Und nun zu den Übungen.

Gohon-Kumite

Bedeutet Fünfschrittkampf. Der Angreifer steht in Gedan/Chudan-Kamae. Der Verteidiger in Shizentai. Der Angreifer sagt die Technik an und der Verteidiger bestätigt mit Oss. Dann geht Tori (Angreifer) fünf mal mit der angesagten Technik vor. Der Verteidiger geht fünf mal rückwärts mit entsprechender Blocktechnik und macht nach der fünften Verteidigung einen Gegenangriff.
Diese Version ist im Shotokan-Prüfprogramm für den weißen und gelben Gürtel, enthalten und genau vorgegeben.

Sanbon-Kumite

Bedeutet Dreischrittkampf. Der Angreifer steht in Gedan/Chudan-Kamae. Der Verteidiger in Shizentai. Der Angreifer sagt die Technik an und der Verteidiger bestätigt mit Oss. Dann geht der Angreifer drei mal mit der angesagten Technik vor. Der Verteidiger geht drei mal rückwärts mit entsprechender Blocktechnik und macht nach der dritten Verteidigung einen Gegenangriff.
Diese Version wird zur Erlangung der orangenen Prüfung im Shotokan verlangt, und ist dort genau vorgegeben und beschrieben.

Kihon-Ippon-Kumite

Bedeutet grundschulmäßiger Einschrittkampf. Der Angreifer steht in Gedan/Chudan-Kamae. Der Verteidiger in Shizentai. Der Angreifer sagt die Technik an und der Verteidiger bestätigt mit Oss. Dann greift Tori einmal mit angesagter Technik an.
Der Verteidiger geht, mit entsprechender Blocktechnik, in eine stabile Grundstellung und macht sofort einen Gegenangriff.
Diese Version wird im Shotokan zum Erlangen des grünen Gürtel verlangt und ist dort genau vorgegeben und beschrieben.

Kaeshi-Ippon-Kumite

Die Partner stehen sich in Chudan-Kamae gegenüber.
Der Angreifer sagt die Technik an und der Verteidiger bestätigt mit Oss. Dann greift Tori einmal mit der angesagten Technik an. Der Verteidiger geht rückwärts mit entsprechender Blocktechnik. Danach greift er selber an. Der nun zum Verteidiger gewordene erste Angreifer geht nun selbst rückwärts mit entsprechender Blocktechnik und macht einen Gegenangriff.
Diese Version wird im Shotokan zum Erlangen des ersten und zweiten blauen Gürtel (5. und 4. Kyu) verlangt und ist dort genau beschrieben.

Jiyu-Ippon-Kumite

Bedeutet freier Einschrittkampf. Der Angreifer steht in Jiyu- Kamae. Der Verteidiger steht ebenfalls in Jiyu-Kamae. Der Angreifer sagt die Technik an und der Verteidiger bestätigt mit Oss. Dann sucht Tori sich die richtige

Distanz und den richtigen Zeitpunkt zum Angriff aus und greift einmal mit angesagter Technik an. Der Verteidiger wartet auf den Angriff, weicht dann beliebig aus und macht eine zur Distanz passenden Verteidigung.
Diese Version wird im Shotokan zum Erlangen der drei Braungurtprüfungen verlangt. Dort ist sie, der Stufe entsprechend, genau vorgegeben und beschrieben.

Jiyu-Kumite

Bedeutet Freikampf. Angreifer und der Verteidiger bewegen sich in Jiyu-Kamae. Es werden keine Techniken mehr angesagt, beide Karateka wenden Techniken nach freier Wahl an.
Im Shotokan-Prüfprogramm ist diese Form der Übung ab dem dritten Kyu Enthalten.

Hier beginnt der große Irrtum: Diese Kumiteform ist nur auf den Übungsformen Gohon-Kumite, Sanbon-Kumite, Kihon- Ippon-Kumite, Kaeshi-Ippon-Kumite und Jiyu-Ippon-Kumite, aufgebaut. Es handelt sich hier aber nur um Grundschul- Übungsformen, die für die Realität nicht sonderlich geeignet sind. Man hätte Kata erforschen müssen und das Technik Repertoire erweitern sollen. (z.B. Awase Uke, Mawashi-Uke, Kake- Uke, Sanchin Dachi, usw.)
Dann hätte man Kata-Kumite in Selbstverteidigungsform üben müssen. Statt dessen hat man hier schon begonnen Wettkämpfe abzuhalten. Und weil das zu lange dauert. Gibt es mittlerweile Wege dies in Crashkursen zu erlernen; und ab in den Ring!
Dabei wäre es doch auch Sinnvoll für Wettkämpfer ihre Techniken zu erweitern und auszubauen.

Aber fairerweise muss man sagen, dass es Kämpfer gibt, die es in dieser Wettkampfform zu höchster Perfektion gebracht haben und sehr gefährlich sind.

Wettkampf-Kumite

Irgendwann hat jemand erkannt, dass das alles zu Zeitraubend ist, wenn man auf Wettkämpfe hinaus trainiert. Das geht doch auch schneller.
Das Zeitraubende Shotokan-Prüfprogramm kann man doch auch irgendwie umgehen.

Im Stiloffenen Prüfprogramm heißt es:

Im Kumite ist die wettkampfmäßige Ausführung der Karatetechniken gefordert. In der Unterstufe erfolgt die Ausführung aus dem festen Stand. Ab der Mittelstufe aus dem Steppen.

Diese Kumite-Form ist ausschließlich für den Wettkampf entwickelt worden. Man kann sie von Unterstufe bis Oberstufe in Kader-Gruppen systematisch üben und schnell aufbauen.

Also das moderne neuzeitliche Wettkampf-Training. Und das als Wahlteil. Man kann hier ganz auf Selbstverteidigung und Bunkai verzichten. Man kann alle Dan-Prüfungen machen, ohne auch nur einen blassen Schimmer von Selbstverteidigung und Bunkai zu haben. Denn man muss nicht, wie im Shotokan- Programm, alles können; man kann auf einiges verzichten. Es soll eben schnell gehen. Man übt genau das, was man für den Punktewettkampf, und dessen strengen Regeln, braucht.

Das Stiloffene Prüfprogramm gibt zwar vor, die Kata als Basis zu haben; dem ist aber bei Weitem nicht so. Man muss nur ein Kihon-Programm hieraus entwickeln und zeigen. Das war es dann auch schon, mit der Basis. Man kann Kata aber als Basis nutzen, wenn man Bunkai und (oder) Selbstverteidigung wählt. Tja, jedem das Seine.

Okuri-Ippon-Kumite

Bedeutet Kampf mit direkt folgendem zweiten Angriff. Es sind zwei Angriffstechniken, zwei Abwehrtechniken, zwei Konter zu zeigen.
Der Angreifer steht in Gedan oder Chudan Kamae. Der Verteidiger steht in Shizentai.
Dann erfolgt die Ansage der Angriffstechnik und die Bestätigung mit OSS. Nur die erste Angriffstechnik wird angesagt. Dann erfolgt sofort die Kontertechnik. Dann geht Tori erneut vor und macht eine zur Distanz passenden Angriffstechnik. Uke (Verteidiger) macht erneut einen Abwehrtechnik und Konter. Die zweite Angriffstechnik, Abwehr und Konter erfolgen situationsbedingt.
Diese Version gibt es im Shotokan-Prüfprogramm leider nicht. Man sollte sie in den Dojos aber dennoch üben.

Happo-Kumite

Bedeutet Kampfübung in alle Richtungen. Die Angreifer stehen um Verteidiger herum in Jiyu-Kamae. Der Verteidiger steht in Jiyu-Kamae. Dann folgen Angriffstechniken die vor Kampfbeginn angesagt werden. Der Verteidiger bestätigt mit Oss. Die Angreifer greifen nach festgelegter Reihenfolge oder beliebig nach eigenem Ermessen an. Der Verteidiger blockt mit beliebiger Technik und macht jeweils einen Gegenangriff Diese Version gibt es im Shotokan leider auch nicht. Im Stiloffenen Prüfprogramm gibt es ähnliche Freikampfsituationen. Dort beginnt man, im Wahlprogramm der Selbstverteidigung, schon beim dritten Kyu-Programm gegen mehrere Gegner zu kämpfen.

Kakie
(Hakenhände, klebende Hände)
Diese spezielle Partnerübung wird nur noch in sehr wenigen Karateschulen unterrichtet. Hierbei wird auf den Tastsinn mehr Wert gelegt, als auf das Sehen. Diese Übungen werden ausschließlich in der Nahdistanz durchgeführt.

Goshin Kumite

Im Goju Ryu gibt es noch Kumiteformen die realistischer und besser auf Selbstverteidigung abgestimmt und aufgebaut sind. Es gibt z.B. dort u.a. das Goshin Kumite. Diese Bereiche sind groß und ich kann hier nicht so ausführlich auf alles eingehen. Goshin Kumite ist eine Übungsform in der Selbstverteidigungstechniken aus den verschiedenen Kata in Anwendung, auf realistische Basis, trainiert werden. Also genau das, was man auch anderswo als Bunkai- oder Kata- Kumite bezeichnet.
Dabei werden die einzelnen Techniken aus den jeweiligen Kata analysiert und die Anwendungsmöglichkeiten vielseitig erprobt und trainiert.
Bunkai-Kumite oder Kata-Kumite

Eigentlich enthält **Kata-Kumite** alles was man für Selbstverteidigung benötigt. Man muss eben Kata verstehen und kennen.

- **Bunkai** ist Selbstverteidigung aus den einzelnen Kata.
- **Selbstverteidigung** ist das ganze Repertoire aus allen Kata die man übt und die modernen Neuerungen und Errungenschaften hierzu.
-

Die Kata darf nicht verändert werden, im Kampf jedoch gilt das Gegenteil
Gichin Funakoshi (Gründer des Shotokan-Karate)

Aber, wer sagt eigentlich, dass man diese Kata-Techniken für den Wettkampf nicht brauchen kann? Was man nicht kennt, kann man nicht beurteilen. Ich behaupte, dass so einige Techniken sehr gut für Wettkämpfe geeignet sind.

Die Zusammenhänge der Kata

An dieser Stelle muss ich es noch einmal kurz auf den Punkt bringen.

Wenn man die etwas mehr als dreißig Kata betrachtet, die wir üben, wird man erkennen, dass sie im Wesentlichen lediglich Variationen von nur einer Handvoll sind.
Gichi Funakoshi.

Würde jemand jede Bewegung und jede Technik unabhängig voneinander lernen, könnte er nicht erkennen, wie die Kata untereinander zusammenhängen und in welcher Weise eine Kata, Bewegungen und Techniken zusammenfasst.
Gichi Funakoshi.

Das ist nicht einfach zu verstehen.

Nun sollte man sich einmal die Arbeit machen, und die Techniken aus den Kata in Deutsch grob zu benennen. Fassen sie so viele Techniken wie möglich in den einzelnen Bezeichnungen zusammen.

Zum Beispiel so.
- Doppelblock von innen nach außen und vorne.
- Doppelblock von unten nach oben, mittlere und obere Stufe.
- Doppelblock von oben nach unten.
- Block und Konter über Kreuz.
- Block und Konter nicht über Kreuz.

So kann man, mit Beachtung und Umsetzung von „Tai Sabaki", ein eigenes Bubishi zusammensetzen.

Ich selbst arbeite schon lange daran und habe Tipps hierzu gegeben. Diese Grundpositionen, aus der man viele Techniken schnell und effektiv anwenden kann, sollte aber erst einmal jeder für sich selbst erarbeiten.

Wenn man Techniken nur minimal verändert, erkennt man die Zusammenhänge sofort. Man erkennt die Kampfaspekte. Man erkennt Bubishi. Man erkennt auch die vielen Möglichkeiten, die sich aus solchen Techniken ergeben.

Wenn man das alles erkannt hat, erkennt man auch immer wieder die Selbstverteidigungstechniken, die auf SV-Seminaren gezeigt werden. Dann kann man sie auch behalten. Daher ist die Frage nach Selbstverteidigung im Karate-Do absurd.
Das muss, in dieser Form, einfach einmal gesagt werden.
Außerdem ist es wichtig zu wissen, dass einzelne Techniken in den Kata nur der Übung wegen darin enthalten sind. Man muss nicht immer zwangsweise eine Bunkai-Technik hinein interpretieren. Es sind Grundschulübungen. Diese Übungen müssen aber im Kampf anders angewendet werden.

Fassen Sie immer wieder einmal solche einzelnen Übungen zusammen, wie ein Gedan Barai und ein Kagi Zuki. Machen sie diese Techniken gleichzeitig, mit Partner! Auch den Anfang der Hangetsu macht man langsam. Machen Sie diese Technik aber einmal mit Partner schnell. Und bitte den Uchi Uke und den Gyaku Zuki zusammen. Sie meinen, dass das sehr schwer ist. Natürlich, darum gibt es ja diese Kata.

Und nun nehmen Sie die Kanku Dai als Trainingskata.
Machen Sie immer nur eine einzige Technik. Zum Beispiel der Jodan-Block am Anfang. Vergleichen Sie diese Technik mit ähnlichen Techniken aus den Kata, die Sie schon können. Zum Beispiel die erste Technik in der Heian Yondan.
Tun Sie so, als hätten Sie alle Techniken aus den unteren Kata fotografiert und durcheinander vor Ihnen liegen.
Trainieren Sie jetzt alle möglichen Folgetechniken aus den anderen Kata die gut dazu passen! Machen Sie das auch mit Partner.
Wenn Sie das ausreichend trainiert haben, gehen Sie an eine andere Technik aus der Kanku Dai! Und wieder beginnt das Training von vorne.

Erkennen Sie den Kampfaspekt und die Zusammenhänge der Kata, und Sie werden begeistert sein.
Zu viel Bunkai-Schauspielerei, und zu wenig Realität.

Zu viel Bunkai

Wenn man in jede Kata, die eine Stilrichtung hat, Bunkai-Techniken hineininterpretiert, kann man das alles unmöglich behalten und sinnvoll umsetzen.
Es sind im Shotokan-Karate ca. 950 Kata-Techniken.
Auch wenn man (z.B.) drei Age-Uke nicht einzeln zählt, sind es immer noch viele Hundert Techniken.

Es sind natürlich keine 950 verschiedene Techniken; denn viele Techniken sind – *wie schon beschrieben* – gleich oder ähnlich.

Wenn man aber auf diese Weise Bunkai-Techniken erfindet oder zwangsweise hinein interpretiert, kommt man – **wenn man immer etwa drei Techniken als Kombination zusammenhängt** - auf ca. 315 verschiedene Bunkai-Techniken.

Oder anders gerechnet:
Wenn man jeder Kata durchschnittlich nur 12 Bunkai-Kombinationen zuweist, sind es bei 26 Kata ebenfalls 312 Bunkai-Anwendungen.

All diese Bunkai-Varianten laufen wie eine kleine schauspielerische Szene ab. Und viele Meister erfinden etwas anderes.

Und diese Varianten wollen Sie beherrschen und im Moment der Gefahr gezielt und richtig herausfiltern und einsetzen? Wer will denn das alles behalten? Und wer hat, kann oder will, sich damit beschäftigen?

Die meisten Karateka, die alle Kata können, winken resignierend ab. Man ist ja schon im Wettkampf erfolgreich. Also, wozu das alles erforschen?.
Dann macht man es eher schlecht, und sagt den Kata schlechtes nach.
Darum ist es wichtig, dass man die Verbindungen der Kata untereinander versteht, dass man versteht was die Techniken in den Kata verbindet, Und dass man sie in einzelne Positionen eines Bubishi zusammenfasst.

Man muss das wie ein Familienstammbaum zusammenfassen. **Dann sind es nicht 300 verschiedene Bunkai-Techniken, sondern erst einmal nur (z.B.)16.** (Bubishi)
Nun muss man diese 16 Äste erarbeiten und trainieren.

Man hat es sich aber schon einfach gemacht. Man hat aus den 950 Kata-Techniken ein paar Grundschultechniken herausgepickt, und damit Karate so aufgebaut, dass es wettkampftauglich wurde.

Das sind nicht die „Grundlegenden Elemente", die ein Okinawa-Meisterschüler von seinem Sensei lernte.
Auch unsere Grundschule ersetzt diese Bubishi-Varianten nicht.

Im frühen Japan-Karate wurde zwar mit„Grundlegenden Elementen" die ersten Kihon-Techniken als Basis, im Sinne von späteren Kata-Kampftechniken geformt; aber das sind nur Sprossen einer Leiter, die man emporsteigen muss. Es sind Grundtechniken, auf denen man aufbauen muss.

Alles ist miteinander verknüpft, und wenn nicht alles voll verstanden wird, scheitert man auf lange Sicht gesehen. G.Funakoshi

Ohne das richtige Verständnis der Kata, tritt man ewig auf der Stelle.
Grundschule ist bei uns, in den Schulen, nur von der ersten bis zur vierten Klasse.
Liebe Leser; niemand von Ihnen hat das Jahrelang wiederholt und ist dann, nach der Grundschule, ins Berufsleben eingestiegen.
Was mich dann ärgert sind solche Dinge, die man manchmal liest: Mit sechs Jahren angefangen, ein Jahr Karate geübt und dann der erste Wettkampf in U9.
Stolze Eltern.

Warnung vor Messer, Stock oder anderen Waffen.

Da wir an dieser Stelle noch einmal Bunkai erarbeiten, muss ich wirklich davor warnen, mit Schülern selbst interpretierte Bunkai-Techniken gegen oben genannte Waffen zu trainieren.
Kein Messerheld greift mit einem langen tiefen Oi-Tsuki-Schritt an. Kein Stockkämpfer holt so aus, als ob er eine Fliege an der Wand erschlagen wolle.
Solche Bunkai-Versionen sehen oft spektakulär aus, funktionieren aber kaum.

Manchmal habe ich das Gefühl, dass einige Kata Experten, wie Regisseure und Drehbuchautoren, Schauspielszenen erfinden. Das aber mehr schlecht als recht.

Heute sind Schüler nicht immer - *oder immer noch* - „ehrfurchtsvolle Diener", die alles machen was der Meister will und keine „dummen Fragen" stellen. So war es vielleicht früher mal. Heute sind die Zeiten anders, und das ist gut so. Stellen Sie Fragen, wenn ihnen etwas unrealistisch erscheint. Wenn Sie einen schlechten Trainer haben wird er dann wütend oder gibt Ihnen eine dumme Antwort. Dann wissen Sie, woran Sie sind.
Nehmen Sie den Übungsstock oder das Übungsmesser selbst in die Hand. Probieren Sie selbst aus, ob das „Gezeigte" funktioniert.
Probieren Sie das, mit einem Gummimesser, (klar) auch einmal zuhause - *mit einem ungeübten Partner, der nicht in ihrem Verein ist* - aus. Sie werden erkennen, dass vieles dann nicht funktioniert.
Denn ein Messerheld oder Stockkünstler sagt niemals an, was er plant. Uke muss also auf alles gefasst sein.
Sie werden sehen; Schauspielerei im Verein, kann im Ernstfall tödlich sein.

Im Verein funktionieren viele Bunkaitechniken nur, weil Tori mitspielt.

Deshalb sind solche Übungen oftmals sehr gefährliche Spiele, die erst einmal spektakulär aussehen mögen, aber, wegen der Vielzahl der Bunkai-Schauspielszenen, unmöglich behalten werden können; und schon gar nicht, aus der Vielzahl der Anwendungsmöglichkeiten heraus, blitzartig einsetzbar sind.

Weniger ist mehr.
Daher sollte man die Möglichkeiten der Techniken aus den Kata erkennen, sie in Gruppen verbinden, und am Ende nur eine handvoll als Standardpositionen vielseitig trainieren. Dann werden Sie erkennen, dass sie im Notfall – *wenn Sie nicht weglaufen können* - vielleicht eine kleine Chance haben, gegen Messer und Stock.
Wenn auch in den Prüfungsprogrammen steht, dass man sich gegen Waffen verteidigen soll. Glauben Sie mir: Diejenigen, die das da rein geschrieben haben, würden gegen einen Messerheld oder Stockkünstler auch alt aussehen.

Von den alten Meistern lernen

Wie aber, kann man heute noch von den alten Meistern lernen? Auf Okinawa lernte man nur wenige Kata. Diese konnte man aber so lernen, dass man sie wirklich beherrschte. Die alten Meister kannten deren Geheimnisse. Sie kannten die Kampfaspekte der Kata.
Heute muss man viele Kata können, aber man sollte sich nur mit wenigen intensiv beschäftigen.
Man muss deshalb viele Kata können, weil man den Sinn und Zweck der einzelnen Techniken besser versteht, wenn man sie mit den Techniken aus anderen Kata vergleichen kann. Dabei müssen – *wie schon beschrieben* – die Techniken nicht genau gleich sein. Man muss nur deren Möglichkeiten verstehen.

Wenn man das alles zu verstehen beginnt, und die wenige Kihontechniken betrachtet die seit Jahrzehnten im Karate trainiert werden, erkennt man, dass es sich hierbei nur um einen kleinen Teil der Techniken handelt, die in den Kata enthalten sind.

Zitat Funakoshi zu den Techniken der Kata:
Wenn einmal gelernt wurde, eine Technik völlig zu beherrschen, wird der Zusammenhang mit anderen Techniken erkennbar.

Ja, manchmal hat der alte Meister doch etwas durchsickern lassen. Die Betonung liegt auf „beherrschen". Also in Anwendung.

Wenige Grundschultechniken hundertprozentig so zu können wie der Meister sie dauerhaft sehen will, ist genau genommen unmöglich. Die eigentliche Vielfalt der Techniken, die in den Kata steckt, wird oftmals nur zu einem geringen Prozentsatz - *wenn überhaupt* - trainiert. Es ist schade, dass das alles verloren geht und man sich zwanzig Jahre lang anhören muss, dass man erst einmal die Grundschule richtig beherrschen muss.
Wobei man „beherrschen" hier oftmals mit „schön aussehen" verwechselt.

Übrigens: Auch die Meister die das fordern, machen immer wieder Fehler. Niemand ist so dauerhaft perfekt.

Wir sind nicht im Eiskunstlauf. Karate wird schrecklich langweilig, wenn man seinen Schülern immer nur sagt, dass man erst noch an der Grundschule arbeiten muss; weil der Zenkutsu-Dachi ja so schwierig ist. Das soll nicht heißen, dass man schlampige Techniken durchgehen lässt: Nicht falsch verstehen!
Noch einmal: Es gibt keine hundertprozentige Stilnote.
Damit hat man auch im Eiskunstlauf, im Tanzen und im Turmspringen Probleme. Niemand schafft hundert Prozent auf Dauer. Diese Art des Lernens ist falsch. Leider ist sie sehr alt und reicht auch zurück, bis ins alte Japan und nach Okinawa. Wenn wir so unsere Kinder in der Grundschule unterrichten würden, ohne einen Teil der „Menschlichen Unvollkommenheit" zu akzeptieren, würden die Schüler im ersten Schuljahr nur lernen, wie man einen Bleistift in Händen hält.
Aber das hat ja schon Funakoshi so gemacht.

Viele Leute kommen zum Training, weil sie Angst haben. Sie wollen lernen wie man sich verteidigen kann.

Zitat von Gichi Funakoshi
Selbst wenn jemand die Rückwertsstellung voller Eifer täglich übt, so lange steht, bis seine Beine so hart wie Fels sind, würde er dennoch sechs Monate oder ein Jahr benötigen, um sie zu erlernen.

Funakoshi hatte seine Gründe, um auf diese Weise vom eigentlichen Thema abzulenken.

Der Mensch muss einen gewissen Teil seiner Fehler akzeptieren lernen, um weiter zu kommen. Niemand ist vollkommen. Ein Blinder wird nicht sehen lernen: Auch nicht, wenn er hundert Jahre lang übt. Aber seine anderen Sinne werden gestärkt. Jeder Schüler muss seine Stärken selbst finden. Und genau diese Möglichkeit, wird mit diesen alten sturen hochgelobten japanischen Lernplänen verhindert.
Funakoshi hätte seine Lehrer und seine Ahnen in Okinawa niemals verraten. Diese waren sehr aufmerksam, wenn es um die Lehren des Karate in Japan ging.

Zitate von Funakoshi zeigen, dass er über ein enormes Wissen verfügte, und tiefen Einblick in die Kunst des Okinawa-Te hatte.

Zitat Funakoshi:

Wird die Bedeutung jeder Technik und jeder Kata nicht verstanden, kann man sich niemals an all die verschiedenen Kenntnisse und Techniken erinnern, gleichgültig, wie hart geübt wurde.

Wie gesagt: Manchmal hat er eben doch etwas durchsickern lassen.

Man muss sich mit der Vielfalt der Karatetechniken befassen, sie erkennen und trainieren. Ein Awase-Uke ist genau so wichtig wie ein Age Uke. Jedenfalls sollte das - *ab einer höheren Graduierung* - so sein. Dann ist Karate auch nicht langweilig. Wenn man das alles wieder erkennt und danach trainiert, füllen sich auch wieder die Dojos.

Um noch einmal abschließend zu erläutern, worauf dieses Buch hinweisen soll, sind hier noch einmal ein paar Worte von Sensei Funakoshi. Diese Worte beinhalten mehr, als man vielleicht verstehen kann. Aber, nachdem dieses Buch bis hier hin gelesen wurde, ist es vielleicht offensichtlich. So ganz verborgen blieb das „Alte Okinawa-Te" vielleicht doch nicht. Es sind diese wenigen Worte, die so kostbar und vielsagend sind.

Zitat:
Karate-Do beinhaltet eine große Anzahl von Kata, Basiswissen und Techniken, sodass kein Mensch alles in kurzer Zeit erlernen kann. Wird die Bedeutung jeder Technik und jeder Kata nicht verstanden, kann man sich niemals an all die verschiedenen Kenntnisse und Techniken erinnern, gleichgültig, wie hart geübt wurde. Alles ist miteinander verknüpft, und wenn nicht alles voll verstanden wird, scheitert man auf lange Sicht gesehen. Wenn einmal gelernt wurde, eine Technik völlig zu beherrschen, wird der Zusammenhang mit anderen Techniken erkennbar. Mit anderen Worten, wird man zu der Einsicht gelangen, dass alle der ca. zwanzig Kata bis auf ein paar wenige auf grundlegende Elemente zurückgeführt werden können. Wenn einmal eine Kata ganz genau gemeistert wird, hat man bald auch die anderen verstanden, selbst wenn nur zugeschaut wird, wie sie vorgeführt werden, oder während eines Unterrichts gezeigt bekommt.
Zitat Ende

(„Grundlegende Elemente" = Bubishi)

Das wahre Geheimnis der Kampfkunst

Wer dieses Kapitel zuerst liest, ohne die anderen zu kennen, wird nicht verstehen worum es geht.
Wir haben drei wichtige Punkte, die wir zum beherrschen der Kampfkunst brauchen.

- Punkt 1: Motorik
- Punkt 2: Kata
- Punkt 3: Bubishi

Zu Punkt 1

Wir müssen versuchen die angeborene automatischen Bewegungsmuster zu nutzen. Darum ist es wichtig, dass wir nur immer mit beiden Händen ein Ziel nach dem anderen verarbeiten. Ganz so, wie es in unserem motorischen Verhalten seit Jahrtausenden einprogrammiert ist. Darum immer Beidhandtechniken. So haben es auch die Chinesischen Kampfkünstler gemacht, als sie Tiere nachahmten.
Nur, das alleine reicht nicht.

Punkt 2

Um das zu perfektionieren brauchen wir Punkt 2: Die Kata Die Kata bieten zahlreiche Techniken, die seit Jahrhunderten getestet, verbessert und zusammengefasst wurden. Diese Techniken sind in den Kata enthalten und die gilt es zu trainieren. So verbessern wir unsere Motorischen Kampf-Fähigkeiten enorm.

Punkt 3

Damit Punkt 1 und Punkt 2 funktionieren können, müssen wir die vielen Techniken in wenige Bubishi-Standardpositionen (Standartreaktionen) zusammenfassen. Denn am Ende ist nicht wichtig wie man geblockt und gekontert hat, sondern dass man irgendwie geblockt und gekontert hat.
Mit viel Übung und Training, wird sich „Der Körper" im Ernstfall automatisch an vieles erinnern, was trainiert wurde.

Keine 300 Bunkai-Techniken und keine 100 Kihon-Techniken; was am Ende bleibt ist die schnelle Reaktion, eine Handvoll Techniken und viel Training.

Weniger ist mehr.
Auch die Grundschultechniken, genau nach vorgegebener Formel und vorgegebenen Richtlinien, werden im Kampf nicht übrig bleiben. Was übrigbleibt sind schnelle Techniken die funktionieren müssen. Und die kann man nicht nach intellektuell überdrehter Akademiker Basis anwenden, sondern im Partnerkampf nach Gefühl und Erfahrung.

Das ist das wahre Geheimnis der Kampfkunst.
Wenn man diese Punkte nicht vereinen kann, endet ein Kampf immer in einer unberechenbaren, ungesteuerten Schlägerei.
Jetzt fehlt nur noch sehr viel Training.

Von Karate enttäuscht

Heute gibt es oft, nach einer gewissen Zeit des Trainings, immer wieder Zweifler die sich ernsthaft fragen, ob sie sich wirklich mit Karate verteidigen können. Ich habe gelesen und gehört, dass besonders enttäuschte Frauen ihr Training beendet haben und sich Pfeffersprays, Elektroschocker oder ähnliche Dinge zur Selbstverteidigung gekauft hatten. Karate ist aber manchmal wie das Essen. Viele Menschen ernähren sich zu einseitig. Was dabei herauskommen kann, wissen wir alle.

Wer anfängt Kata zu verstehen und sie richtig trainiert, hat großen Spaß am Karate und ein Leben lang zu tun.

Mit den Kenntnissen des Bubishi alleine steht man genau so dumm da wie mit der Kata alleine. Nur wenn man versteht was Bubishi damals mit Kata zu tun hatte, erkennt man den Sinn der Kata und des Bubishi wirklich. Man muss alles zusammenfügen und dann aber auch lesen können. Wenn man Bubishi und Kata zusammenfügt, wie ich es gerade zu beschreiben versuche, ergibt alles einen Sinn.

Vergleicht man es mit einer Schatzkarte, könnte es auch so aussehen. Man besitzt eine Schatzkarte, kann aber nichts damit anfangen. Man findet den Schatz einfach nicht. Dann kommt jemand mit einem durchsichtigen Pergament worauf weitere Details eingezeichnet sind. Er legt es genau auf die vorhandene Karte, und plötzlich ergibt alles einen Sinn.

Die Kata darf nicht verändert werden, im Kampf jedoch gilt das Gegenteil.
Gichi Funakoshi

Du magst lange, lange Zeit üben, aber wenn Du nur Deine Hände und Füße bewegst und auf und ab hüpfst wie eine Marionette, dann ist das Karate-Studium nicht viel anders als das Tanzen lernen. Du wirst nie zum Kern der Dinge vordringen. Du wirst die Quintessenz von Karate-Do nicht
begriffen haben.
Gichi Funakoshi

Was der Meister da beschreibt, ist nur über intensives Kata Studium zu erreichen.

Dazu einmal einige Kampfregeln des Motobu Choki:
Verwende Techniken, die in einer Bewegung Angriff und Abwehr beinhalten.
Verwende so oft es geht beidhändige Techniken zur Abwehr und zum Angriff.
Stehe nie vor deinem Gegner. Bewege dich immer zur Seite.

Dieser Mann musste es wissen, denn er war ein Kämpfer, der in vielen Schlägereien und herausgeforderten Zweikämpfen sein Wissen erweitert und angesammelt hatte. Dazu kommen wir aber später noch.

Kenei Mabuni beschreibt es in seinem Buch genau so. Ein Zitat lautet:
Block ist Angriff ohne Taktschlag.

Die heute praktizierten Grundschulübungen dienen nur der Vorbereitung, um sich mit anderen Kämpfern schnell messen zu können. Wenn man nicht versteht, worum es bei den Kata wirklich geht, ist auch dieses Training wenig sinnvoll. Man fragt sich, wieso man als Braungurt dem Neuling Gelbgurt, nicht haushoch überlegen ist.

Man hat angefangen ein Haus zu bauen, aber vergessen den Dachdecker zu bestellen.

Nur mit Grundschule und dem Beherrschen des Ablaufes einer Kata, kann man sich wirklich nicht effektiv verteidigen.

Erst wenn man zu verstehen beginnt was Kata wirklich sind und wie man sie trainieren muss, kann man das Karatetraining vervollständigen. Dann erst kann man sich wirklich zu einem großen Meister entwickeln. Deshalb finde ich es gut, dass man im Karate, teilweise wieder mehr zu Kata-Kihon zurückkehrt.

Aber, dazu muss man auch wissen was darin steckt, wie viel Spielraum man dem Kata-Kihon lässt und wie man ihn übt.

Nachdem hier klar geworden sein dürfte, wie viel Wissen und Techniken in den Kata steckt, ist sicher auch klar, dass nur sehr wenig davon im heutigen Kihon und Kumite umgesetzt wird.

Nur durch die Kata haben wir die Chance noch heute von den alten Meistern zu lernen und vielleicht einen kleinen Teil des verlorenen Wissens wieder auszugraben.

Kampf nach Punkten

Muay Tai, Krav Maga, Silat, Savate, Eskrima, Pankration, Pradal Serey oder Sambo; auch das alte Okinawa-Karate war mit seinen Kakedameshi, sehr gefährlich. Auch Yoshitaka Funakoshi hat für das Militär ein gefährliches „Japan-Karate" entwickelt.

Vielen solcher Kampfkünste hat die „Versportlichung" der jeweiligen Kampfkunst sehr gut getan. Sie waren zu „alten Zeiten" so hart, dass es sogar Tote gab. Und auch heute noch sind einige der genannten Kampfkünste – trotz Wettkampfregeln und Kampfrichter – immer noch sehr gefährlich und knallhart. Wenn diese Regeln jedoch beginnen eine Kampfkunst negativ zu verändern, sollte man sich die Frage stellen, wo der eigene Weg (Do) hinfürt.

Die Kampfregeln sollten Wettkämpfe ermöglichen. Die Kampfregeln sollten aber die Kampfkünste nicht verändern.

Googeln Sie doch einmal nach „**Sabaki Challenge**" oder „**Enshin Karate**" oder „**Sabaki Enshin**". Oder ein anderes extremes Vollkontakt-Karate wie **Kūdō**

Sie erkennen, dass die Neutral-Distanz nicht lange existiert. Wenn ein solcher Kämpfer im Erstfall vor Ihnen steht, müssen Sie ihm knallhart Schmerzen zufügen können. Denn ein Kampfrichter unterbricht nicht nach jeder Berührung den Kampf. Der lässt weiter laufen.

Das Ideal der "Einen Technik" erforderte das perfekte Zusammenwirken von Reaktion, Timing, Distanz und Kime. Heute hat sich in vielen Karate-Wettkämpfen das sogenannte "***Punkte-Denken***" durchgesetzt. Egal wie, Hauptsache der Gegner wird getroffen. Dann gab es noch das sogenannte „Ippon-Verhalten". (*Ich nenne es manchmal auch böse „Ippon-Orgasmus".*) Der Kämpfer demonstrierte mit einem Wegdrehen vom Gegner und einem lauten Schrei einen Treffer. Dann frage ich mich, warum man es in den anderen Kampfkünsten nicht genau so macht.

Wettkampftraining ist nur ein kleiner aber wichtiger Bestandteil in der Entwicklung eines Schülers.

Man muss sich aber wirklich ernsthaft die Frage stellen: Was ist Ippon? In einer Zeit, in der ein Boxer mit einem gebrochenen Unterkiefer noch einen Kampf gewinnt, oder unter Drogen oder Alkohol stehende Schläger keine Schmerzen spüren, frage ich mich das wirklich. Der Kampf nach Punkten ist im modernen Karate nicht mehr real. Das muss einfach jedem klar sein.

Zitat:
Karate ist nicht dazu gedacht, im Wettbewerb eingesetzt zu werden, sondern viel eher als ein Mittel, seine Hände und Füße in einer ernsthaften Begegnung mit einem Raufbold oder Schurken zu gebrauchen. Realität ist ein wichtiges Ziel im Karate Training. Sich vorzustellen, dass man wirklich während des Trainings auf dem Schlachtfeld ist, trägt viel zur Steigerung des Fortschritts bei.
Itosu Yasutsune, Lehrer Funakoshis

Wer nicht weiter denkt als an Punkte sammeln im Wettkampf, ist völlig überfordert, wenn eine realistische Selbstverteidigungssituation eintritt, oder wenn er gegen einen Kämpfer der oben benannten Kampfkünsten trifft.

Zitat eines Unbekannten „Weisen".
Wenn Kumite einfach wäre, würde es Kata heißen.

Zitat eines Unbekannten „Weisen" aus einem Internetforum.
Mit Karate kann man sich nicht wirklich verteidigen.

Ja, wenn man mit den Kata nichts anfangen kann und das ganze Jahr über nur Grundtechniken, oder Kata-Laufen übt, wundert mich das nicht.

Es ist bedauerlich, dass diese Leute sich noch nie ernsthaft verteidigen mussten.

Glauben Sie mir; mit Steppen, Hüpfen und Ippon-Orgasmus,
können Sie sicher sein, dass ein Guter Schläger Ihnen dermaßen eins vor die Glocke gibt, dass Sie niemals im Leben wieder vor Ihrem Gegner herum hüpfen wie ein Gummiball.

Ein Boxtrainer sagte einmal, er hätte größte Mühe gehabt einem neuen Schüler, der aus dem Karate kam, sein Ippon- Verhalten abzugewöhnen.

Wieso? Weil ein Schläger, im Gegensatz zu einem Wettkampfgegner, bereit ist auch Schläge einzustecken, während er auf Sie zu stürmt wie eine Maschine.

Man darf sich nicht wundern, wenn viele junge Karatesportler, nachdem sie den ersten Dan erreicht haben, an ihrem wirklichen Fortschritt zweifeln und ihr Training beenden.

Im Ernstfall muss ich mich wirkungsvoll verteidigen können. Dieser Weg ist länger, umstrittener, schwieriger und er ist ohne Ruhm. Aber, man muss eben wissen warum man Karate betreibt.

Man kann sicherlich die Realität nicht 100% trainieren. (Das haben einige Kämpfer früher, in der Tat, gemacht) Man sollte aber die Realität nicht ignorieren. Der Straßenschläger verhält sich anders als der Wettkampfgegner des modernen Karate. Er stoppt nicht seinen Angriff, nachdem man ihn nicht hundertprozentig hart getroffen hat .

Zitat:
Kampfkunsttraining kennt keine Grenzen. Schritt für Schritt, Lehre für Lehre und eines Tages wirst du unzweifelhaft den Tempel der Shaolin betreten. Ich glaube es gibt zwei Arten von Schülern- der treue und motivierte, welcher die Okinawanischen Künste lernen möchte. Der andere ist eher individuell und möchte nur sagen, dass er Karate lernt. Von diesem gibt es weitaus mehr. Es sind die, die du überall sehen kannst. Sie sagen sie kennen Karate oder sie betreiben Karate dies sind wertlose Einzelgänger
Soken Hohan, Okinawameister 1889 - 1982

Karatekämpfer wie Okuyama Tadao gingen den wahren schwierigen Weg. Am Ende galten sie als unbesiegbar.

Man findet immer wieder Karatekämpfer die den wahren Weg des Karate suchen. Je traditioneller das Karate, desto mehr Nähe sieht man auch noch zum traditionellen chinesischen Wushu. Das moderne Wettkampfkarate hat sich davon weit entfernt.

Judo auszuüben, um einmal einen Wettkampf zu gewinnen ist ein großer Irrtum. Kazuzo Kudo, 9. Dan Judo

Selbstverteidigung ist nicht die vierte Säule des Karate-Do

Oftmals wird Selbstverteidigung als
„Die vierte Säule des Karate-Do" bezeichnet.
Das ist ein großer Irrtum. Selbstverteidigung ist das Dach des Karate, das von den Säulen getragen wird. Wer das nicht verstanden hat, wird nie den Weg zur richtigen Selbstverteidigung finden. Es ist schade, dass Selbstverteidigung, seit dem Wandel in Japan, zur Seite gerückt wurde.

„Aber, wann beginnen wir denn mit Selbstverteidigung?"

Wenn man nach den ersten Monaten Training diese Frage stellen muss, sollte man die Suche nach einer SV-Kunst fortsetzen. Noch schlimmer ist, wenn Danträger diese Frage stellen. Wer in seinem Karateverein nach den ersten Testmonaten immer noch keine Selbstverteidigung findet, sollte den Verein wechseln, oder eine andere Kampfkunst testen.

Ich habe neulich ein paar Leute gefragt, was denn ein Grund für sie sein könnte, Karate zu lernen und trainieren.
Die Antwort war fast immer die Gleiche:
„Weil man sich dann besser verteidigen kann, wenn man es einmal braucht."

Dagegen stehen zahlreiche Meinungen aus zahlreichen Foren von Leuten, die ein paar Jahre trainierten:

„Mit Karate kann man sich nicht im Ernstfall verteidigen."

Da muss doch irgendwo etwas falsch gelaufen sein. Das kann man doch nicht mehr abstreiten.

Im Internet habe ich zum Thema Selbstverteidigung folgende Zitate gefunden:
Karate eignet sich hervorragend als Basis für die Selbstverteidigung.

Wie bitte? Nur als Basis? Wie bitte?

Selbstverteidigung wird, sofern es explizit angeboten wird, in den Vereinen entweder während des normalen Karatetrainings oder in zusätzlichen Einheiten geübt.

Was trainiert Ihr eigentlich? Und was glaubt ihr, was die „außenstehende Bevölkerung" glaubt, was Ihr trainiert?

Die Selbstverteidigung ist ein natürlicher Bestandteil des Karate.

Ein natürlicher Bestandteil des Karate? Nur ein Bestandteil? Mehr nicht? Dann bin ich bei euch falsch.

Gleichwohl wird Karate in so unterschiedlichen Ausprägungen unterrichtet, dass die Aspekte der Selbstverteidigung im Karate hierbei oftmals – schon zwangsläufig – nicht berücksichtigt werden können.

Dann hört auf es Karate-Do zu nennen!

Als ich den Leuten die ich befragte, und die keine Ahnung von Karate haben, das zeigte, blickte ich nur in fragende Gesichter.

Jetzt frage ich mich ernsthaft, warum ich überhaupt Karate trainiere. Früher einmal war Selbstverteidigung das Dach des Karate. Aber in Japan wurde das Dach erneuert. Von nun an war das Dach des Karate: **Erfolg im Wettkampf.**
Aber was ist eigentlich mit den Spitzenathleten im Karatewettkampf. Was ist mit Landes- Europa- und Weltmeister? Haben die etwa auch keine Ahnung, wie man sich verteidigen kann? Haben das nur die "**Offiziellen SV-Lehrer des DKV**"? Die oben genannten Zitate sagen das jedenfalls aus.

Also irgendetwas läuft doch hier falsch.

Selbstverteidigung wurde vergessen?
Nun will man es als zusätzliche Säule wieder aufbauen?

Aber eben nur als Säule; mehr nicht. Aber die Stimmen der Zweifler wurden lauter. Dann sucht man sein Glück auf Selbstverteidigungslehrgängen. Auf solchen SV-Seminaren werden ein paar Techniken erklärt, die man – aus Mangel an Kenntnis der Katatechniken – nicht mit Karate, und dem bisherigen Training, in Verbindung bringen kann. Es ist so, als würde man etwas völlig neues lernen. Wer aber Kata als das verstanden hat, was sie ursprünglich waren, der findet in den erklärten Selbstverteidigungstechniken immer wieder Katatechniken. Wer das aber nicht versteht, entwickelt ein völlig neues Karate, das mit Kata nichts mehr zu tun hat. Dann ist es mir unverständlich, warum noch Kata trainiert werden.
Schlimm ist es, wenn Selbstverteidigungslehrer etwas völlig Neues und Eigenes lehren, das mit ihrem Karatestil nichts zu tun hat. Noch schlimmer ist es, wenn die gleichen Lehrer schlecht über Kata reden. Dann nennt es bitte nicht Karate, sondern Straßenkampf.

Man stelle sich einmal vor, ein Fahrlehrer lässt seine Schüler - *nachdem sie eine kurze Einweisung erhielten, wie man Auto fährt* - auf dem Nürburgring fahren. Dann erhalten sie, nach einigen Wochen, einen zweistündigen Schnellkurs wie man sich im Straßenverkehr richtig verhält.

Das ist auch so im Karate.

Das Beispiel mit den vier Säulen ist schon falsch.

Ich fragte mich neulich, in einer ruhigen Stunde, was ich eigentlich seit 1985 trainiert habe. Was haben Sie trainiert, liebe Leser? Karate? Ja? Dann muss ich, nach diesen Erkenntnissen, fragen:

Karate mit oder ohne Selbstverteidigung?

Zitat Funakoshi:
Wird die Bedeutung jeder Technik und jeder Kata nicht verstanden, kann man sich niemals an all die verschiedenen Kenntnisse und Techniken erinnern, gleichgültig, wie hart geübt wurde.

Wann kann der Schwächere mit Karatekenntnissen, den stärkeren ohne Karatekenntnisse wirklich besiegen? Karate war, im alten Okinawa, eine Kriegskunst. Kampfkunst wurde entwickelt, um sich zu verteidigen und Gegner zu besiegen. Es wurde entwickelt, damit der Schwächere den Stärkeren besiegen kann.

Darum ist Selbstverteidigung NICHT die „Vierte Säule des Karate-Do", sondern das DACH DES KARATE-DO.

Wenn SV nur eine Säule ist, dann muss ich fragen: *„Was ist denn, eurer Meinung nach, Karate-Do?*

Man sollte endlich begreifen, dass die Kampfaspekte der Kata und Selbstverteidigungsübungen das Gleiche sind.

Eigentlich ist es paradox, wenn Karatemeister auf SV-Kursen Selbstverteidigungstechniken erlernen wollen. Es ist noch mehr paradox, wenn der Trainer, genau und geheim genommen, tatsächlich keine Ahnung von Selbstverteidigung hat; sich das aber selber einredet, weil er ja den hohen Dan-Grad hat. Paradox ist auch, wenn jeder große Selbstverteidigungslehrer etwas völlig anderes zeigt.

Die Jagt nach dem Schwarzen Gürtel und möglichst hohen Dan Graduierungen darf nicht das Opfer der Unkenntnis und des „immer Recht haben" beinhalten. Leider schwindet sehr oft, mit jedem höheren Status den man erreicht, Selbstkritik und die Fähigkeit Kritik zu ertragen. Das ist ja gerade das Leid unserer Gesellschaft. Wenn „Hohe Herrschaften" – wer auch immer es ist – einen hohen Status erreicht haben, werden Fehler und Irrtümer, die sich seit Jahren eingeschlichen haben, zur Wahrheit und absolut richtigen Richtlinien.

Jeder hat so viel Recht, wie er Gewalt hat.
Baruch de Spinoza, niederländischer Philosoph (1632 – 1677)

Wer heute in einen Karateverein kommt, erhofft sich meist Selbstverteidigung zu lernen. Alle Wege führen nach Rom, hieß es einmal vor langer Zeit. Ich habe Selbstverteidigungstechniken von Teakwondo-Lehrern gesehen. Die waren denen, die auf Karatekursen gezeigt werden sehr ähnlich, wenn nicht sogar gleich. Aber das ist die höchste Form und das höchste Ziel eines Kampfkunstschülers. Wer aber soweit kommen will, darf wirklich nichts auslassen.

Die Trainer tragen eine große Verantwortung. Wer nur Wettkämpfer, des Erfolges für den Verein wegen, ziehen will, muss sich im Klaren darüber sein, dass er seinem Schüler großen Schaden zufügt, wenn dieser sich einmal verteidigen muss. Denn der Schüler weiß noch nicht was er trainiert, und was ihm vorenthalten wird.
Und er soll es auch nicht wissen. Denn, wenn er es wüsste, würde er vielleicht aufhören Pokale einzufahren, und lieber SV lernen.

Es gibt sehr viele unterschiedliche Verteidigungssituationen. Auf diese muss man sich einstellen und dementsprechend Block und Kontertechniken üben. Wer Kata richtig geübt hat, verteidigte sich oft instinktiv mit Katatechniken.

Mir zeigt das alles, dass meine beschriebene Übungsform für Kata richtig ist. Kata, Bunkai und Bubishi ergeben zusammen einen Sinn. Wenn man ihn erkennt.

Zitat:
"Ein Kataweltmeister muss nicht unbedingt wissen, was in einer Kata enthalten ist. Es ist wie mit einer guten Flasche
Wein. Man kann sie schön finden. Das Kostbare daran ist aber der Inhalt".
Gilbert Gruss (9. Dan)

Wenn ein Europäischer Karatepionier mit dem 9. Dan so etwas sagt, sollte man sich einmal Gedanken darüber machen.

Die Übungen, die dort gezeigt werden, kann man sich nur merken und umsetzen, wenn man sie mit den Kata in Verbindung bringen kann. Und, wenn man Kata mit Bubishi verbindet – so wie es in diesem Buch beschrieben ist – kann man dies auch tun. Man entdeckt in nahezu in jedem Training neue Katatechniken, die zueinander passen und die man in seine Bubishi-Positionen einteilen kann. Und man erinnert sich auch schon mal an die Selbstverteidigungslehrgänge.

Das ist Karate-Do

Selbstverteidigung = Karate-Do

Eine Hundertprozentige Selbstverteidigung gibt es nicht. Wer kämpft, kann und wird dabei auch verletzt werden. Jeder Kampf dem man aus dem Weg gehen kann, ist daher ein gewonnener Kampf. Ein Ernstfall ist heutzutage eine Sache ohne Ehre. Die Angriffssituationen haben sich heutzutage stark verändert. Die "klassischen" Schlägerangriffe sind oftmals ungezügelter, unehrenhafter Gewalt - teilweise mit Waffen wie Messer, Gläser oder Schlagwaffen - gewichen. Einen am Boden liegenden verletzten Menschen als besiegt anzusehen und von ihm abzulassen ist nicht mehr vorhanden. Die allgemeine Gewaltbereitschaft auch hat stark zugenommen. Daher muss man in einer Selbstverteidigungssituation von den tausendmal eingeübten Wettkampfregeln völlig abkommen. Niemand steht vor ihnen und versucht Sie mit nur einem Schlag zu besiegen. (Natürlich gibt es auch hier Ausnahmen) Und auch Sie werden sich wundern, wie viel ein angetrunkener Schlägertyp aushalten kann. Prügel ist heute etwas anderes. Und auch Sie müssen akzeptieren, dass Sie nicht Punkten, sondern Prügeln müssen. Karate muss wieder Kriegskunst werden. Wettkampf ist etwas für Spitzenathleten. Wenn Sie dazu gehören; gut. Wenn nicht, müssen Sie umdenken.

Aber nun müssen wir auch noch einen wichtigen anderen Punkt ansprechen.

Was ist eigentlich Selbstverteidigung?
Nicht immer will Sie jemand kompromisslos verprügeln. Es kommt auch vor, dass sie sich spaßeshalber verteidigen müssen. Man will Sie vielleicht nur einmal testen. Zum Beispiel auf einer Gartenparty, auf der Arbeit oder

eben unter Freunden. Sie werden attackiert, aber wissentlich mit dem Gedanken, dass es kein wirklicher Ernstfall ist. Dann können Sie nicht kompromisslos rein hauen. Sie müssen sich auch in solchen Situationen verteidigen können. Sonst machen Sie eine schlechte Figur und alle lachen über Sie.

So verschieden die Angriffssituationen sind, so vielfältig und variabel müssen die Selbstverteidigungstechniken sein. So vielseitig und variabel wie Kata. Übrig bleiben aber nur ein paar Standardtechniken, die man reflexartig anwenden kann. Darum wurde in den Kapiteln der Kata erklärt, wie man damit umgehen sollte. Lösen Sie sich von der „Formelabwehr". Wenn mich jemand SO angreift, muss ich SO abwehren und kontern. Was übrig bleibt ist nicht die Abwehr nach Formeln, sondern die „Geübte und Perfektionierte Motorik". Sie reagieren und fragen sich hinterher, wie sie das gemacht haben. Das ist das höchste zu erreichende Ziel.

Ein Freund und Arbeitskollege wollte es wissen. Mit den Worten: „He, Du machst doch Karate. Zeig mal was Du drauf hast", kam er auf mich zu.
Mir war klar, dass das nicht hundert Prozent ernst gemeint war. Aber dennoch würde ich mich in wenigen Sekunden in einer sehr unangenehmen Position befinden. Ohne nachzudenken, bekam er einen kontrollierten Fingerstoß Richtung Hals. Er wich mit einem Schimpfwort und leicht nach Luft schnappend zurück. Von da an hatte ich meine Ruhe.
Es folgten die üblichen Übertreibungen wie:
„Der hat üble Techniken drauf. Legt euch lieber nicht mit ihm an".
Das war zwar wirklich übertrieben, aber mir konnte das Recht sein.

Man muss heutzutage auch damit rechnen, dass ein potenzieller Angreifer über solche Fähigkeiten, der mittlerweile sehr zahlreichen Kampfkünste, verfügt. Neben Karate, oder dem mittlerweile auch geübten Straßenkampf, gibt es zahlreiche traditionellen Künste wie, **Aikido, Boxen, Hapkido, Jiu-Jitsu, Judo, Ringen, Ju-Jutsu, Kempo, Kick-Boxen, Kobudo, Kung-Fu/Wushu, Ninjutsu (Ninjitsu), Taekwondo, Thai-Boxen, Viet- Vo-Dao**. Da muss man sich fragen, wie eine Selbstverteidigungssituation wirklich aussieht. Und vor allem; wann fängt sie wirklich an.
Man kann unmöglich alle Situationen durchspielen. Doch sollte man es hier einmal überdenken.

Die verschiedenen Distanzen

Neutraldistanz: keiner der Kontrahenten befindet sich in direkter Schlag- oder Trittweite. Wettkämpfer haben gelernt diese schnell zu überbrücken.
Trittdistanz: Man ist dem Gegner so nahe, dass ein Fußtritt möglich ist.
Schlagdistanz: Man ist dem Gegner so nahe, dass auch Faustschläge möglich sind.
Nahdistanz: Auch Ellbogenschläge, Kopfstöße und Wurftechniken sind möglich. Besonders Ringer werden diese Distanz suchen.
Bodendistanz: Beide Kämpfer befinden sich am Boden.

Verschiedene Angriffssituationen.

Einige könnten so aussehen:

- Man wird Kompromisslos angesprungen. Der Gegner geht wie eine Dampfwalze vor.
- Der Gegner tastet sich vorsichtig in die Nahdistanz heran. Dann geht alles sehr schnell.
- Der Gegner geht entschlossen in die Schlagdistanz vor.
- Anfängliches schubsen oder Drohen aus der Nahdistanz.
- Der Gegner schlägt überraschend zu.
- Der Gegner versucht durch Täuschung den ersten Schlag zu versetzen.
- Der Gegner baut seinen Angriff durch anfängliches „harmloses" Greifen, Tasten, freundlich den Arm um die Schulter legen , langsam auf.

Verschiedene Situationen.

- An der Theke
- Auf der Straße. Beim Einkaufsbummel oder spazieren gehen.
- Im Gelände beim Joggen
- In öffentlichen Verkehrsmittel.
- In engen Räumen
- In der Menschenmasse

Das alles haben unsere Karate-Vorfahren gewusst und entsprechende Techniken in ihre Kata eingebaut.

Motobu Choki rät hierzu:
- **Verwende Techniken, die in einer Bewegung Angriff und Abwehr beinhalten.**
- **Verwende so oft es geht beidhändige Techniken zur Abwehr und zum Angriff.**
- **Stehe nie vor deinem Gegner. Bewege dich immer zur Seite.**

Es gibt viele verschiedene Selbstverteidigungssituationen. Man sollte aber immer versuchen möglichst realistisch zu bleiben.
Ausschließlich Wettkampf zu trainieren ist entschieden zu wenig.

Karate ist ein so weites Thema, dass drei Monate Zeitraum, die man zwischen den Prüfungen hat, viel zu wenig ist. Wer will das alles, und dann noch die Angriffstechniken aus dem Wettkampfsport - die ich auch für notwendig halte – in dieser kurzen Zeit lernen?

Für all das ist Karate im Laufe der Jahrhunderte entwickelt worden.

Selbstverteidigung ist nicht NUR die vierte Säule des Karate.
Karate-Do IST Selbstverteidigung.

Das Stiloffene Prüfprogramm

Das Stiloffene Prüfprogramm bietet mehr und bessere Möglichkeiten auf die Fähigkeiten, die Stärken und Schwächen eines jeden Karateka einzugehen. Es ist das ideale Programm für den Breitensport. In diesem Programm soll die Kata wieder ganz im Vordergrund stehen. Neben Kata, ist Kihon Pflichtteil dieser Prüfung. Man muss aus den Kata heraus Kihontechniken zeigen. Das ist nicht einfach, weil einige Katatechniken nur einseitig in den Kata enthalten sind. Diese Kombinationen plötzlich anders-seitig zu zeigen ist zu Beginn nicht einfach. Man ist auch mehr damit beschäftigt, Techniken aus den Kata mit Partner zu üben, zu erforschen und zu entdecken. Wie oben schon beschrieben, sollte beim trainieren der einzelnen Techniken auch die Rechts-Links-Symmetrie beachten.

Katatraining darf nie rechts- oder linkslastig sein.

Dann gibt es die Wahlteile **Wettkampfkumite, Bunkai** und **Selbstverteidigung.**
Nichts von den Wahlteilen ist einfach. Somit ist das Programm sehr anspruchsvoll.

Was mir persönlich nicht gefällt, ist das wettkampforientierte Kumite. Das wird von Beginn an, als Wahlteil, angeboten. Es unterscheidet sich völlig von den im Shotokan-Prüfprogramm stehenden Kumiteübungen. Wenn man ausschließlich in dieser Richtung trainiert, vernachlässigt man Bunkai, klassische Kumiteübungen und Selbstverteidigung. Man braucht es nicht und kann es deshalb auch weglassen. Es gibt zwar auch Block- und Kontertechniken; diese sind aber sehr Wettkampforientiert. Der Weg (Karate-Do) ist ein völlig anderer, als im Shotokan- Programm. Wer dieses Programm ausschließlich auf diese Weise nutzt, zieht sich Wettkampfschüler, die alles andere auslassen können; auch das klassische Kumiteprogramm. Es fallen Ausdrücke wie Einstep, Zweistep, überlaufene Technik, fingierte Beintechnik oder „Aufbauende Angriffsvariationen". Das ist nur ein kleiner Teil der Forderungen im Kumitebereich. Dieses Programm ist für Wettkämpfer wie geschaffen.

Im Internet habe ich, unter dem Suchbegriff „Stilrichtungsfreies Karate" folgende Äußerung gefunden:

Das Wettkampfkumite wird in allen anderen Stilrichtungs-Prüfungsprogrammen stark vernachlässigt. Hier eine Gleichwertigkeit und einen methodischen Aufbau im Kumite zu gewährleisten, ist das Ziel dieses Wahlteils.

Wer dieses Programm ausschließlich auf die Wettkampfkumiteweise nutzt, vernachlässigt alles andere. Klassisches Kumite, Bunkai-Kumite und Selbstverteidigung kann man weg lassen. Ebenso wie viele Kata.

Weil Wettkampfkumite eben nicht auf Verteidigung, sondern auf Angriff ausgelegt ist, konnte man mit den herkömmlichen Karatemitteln nicht mehr genug anfangen. Deshalb wurden so viele neue Trainingsmethoden für den Wettkampf entwickelt. Das stileigene „alte" Prüfungsprogramm bremste das Weiterkommen (Graduierungen) der Wettkampfschüler in den Talentkader.

Und bevor es eben dieses Programm gab, gab es nur das sehr umfangreiche stileigene Programm. Andere Karatesportler, die nicht so

turnierbegeistert sind, und eher Karate aus Selbstverteidigungsgründen machten, konnten da schon schneller vorankommen. Darauf kann man jetzt verzichten.
Hier sagt man einfach: Wer Wettkampfkumite nicht machen will, oder nicht genug mit den neu entwickelten Bezeichnungen vertraut ist, kann ja Bunkai oder Selbstverteidigung machen.

Das Kumiteprogramm des Stiloffenen Karate zeigt mir, dass man möglichst schnell Wettkämpfer heranziehen will. Dazu ist man bereit, auf vieles zu verzichten.

Warum denke ich an dieser Stelle an Soundkarte?

Dann gibt es noch den Wahlteil Selbstverteidigung.
Da muss ich ernsthaft die Frage stellen, wie man im Karate ohne klassisches Kumite und ohne Katabunkai, Selbstverteidigungskenntnisse erlangen soll. Wenn man Selbstverteidigung als *„Die Vierte Säule des Karate"* bezeichnet. Macht man Selbstverteidigung zu einem eigenen selbstständigen Thema, das mit den anderen Säulen nichts zu tun hat.

Selbstverteidigungstechniken entstehen im Karate aus Bunkai-Kenntnissen. Wenn man im Prüfungsprogramm Selbstverteidigung wählt, muss man zwangsläufig Bunkai beherrschen. Denn Karate ist Kata und Kata ist Karate. Also, was ist das für eine Logik, Selbstverteidigung als Wahlteil in einem Prüfungsprogramm einzusetzen, wenn man auf Bunkai verzichten kann. Selbstverteidigung ist das höchste Ziel eines Karateka. (*Sollte es jedenfalls sein*)

Seit Jahrhunderten haben sich sehr kluge Leute Übungen ausgedacht, wie man Karate lernen kann. Das alles soll nun wegen Wettkampfkarate falsch gewesen sein? In diesem Programm verzichtet man, wegen Wettkampfdenken, auf die klassischen Kumiteübungen, einige Kata und Bunkai. Und das ist falsch.

Ich fordere nur zwei Wahlteile:
Bunkai-Kumite (in SV-Form).
Und als zweites Wahlteil Wettkampfkumite.
Dann kann jeder den Weg gehen, den er für richtig hält. Dann entscheidet jeder selbst ob Kata im Vordergrund steht, wie eigentlich gewollt, oder nicht.

Fazit: Wenn man das Stiloffene Programm richtig nutzt, kann es für den Breitensport sehr nützlich sein. Da es sich bei den Kumiteübungen aber ausschließlich um Wettkampfrelevante Techniken handelt, sollte man sich lieber dem Wahlteilen Selbstverteidigung und Bunkai widmen, und dort systematisch den Karateschüler zum Karate-Do führen.

Das Schlimme am einseitigen Wettkampf-Leistungstraining ist, dass es dort möglich ist Dan-Grade zu bestehen, ohne sich jemals Gedanken um Katabunkai, oder die daraus hervorgehende Selbstverteidigung, gemacht zu haben. Dann sieht man auf Meisterschaften Leute herum laufen die diesen Spruch auf ihrem T-Shirt haben:

„Wenn Kumite einfach wäre, würde es Kata heißen".

Nochmal: Heutzutage ist es, bei einer Dan-Prüfung, nicht erforderlich Bunkaikenntnisse oder Selbstverteidigungskenntnisse zu haben.

Ein Boxtrainer sagte einmal, er hätte größte Mühe gehabt einem neuen Schüler, der aus dem Karate kam, sein Ippon-Verhalten abzugewöhnen.

Dieses neue Programm kann sehr gut sein, …. wenn man es richtig nutzt. Es bietet aber zu viele Möglichkeiten es zu missbrauchen.

Traditionelles Karate im Stil offenen Prüfprogramm.

Und nun nutzen wir einmal, an dieser Stelle, das Stil offene Karate, um uns ein schönes Prüfungsprogramm zu bauen.

Wir planen erst die Kata als Grundlage.

Dann erarbeiten wir einen passenden Kihon hierzu. Dabei muss man sich nicht unbedingt stur an die ablaufenden Techniken der Kata halten.
Man sollte vielmehr die Kata zerlegen, und dann die passenden Techniken hieraus zusammenbauen.

Nun stellen wir fest, dass wir nicht nur Techniken im Kihon haben, die mit einem Block beginnen; wir haben auch sehr schöne Angriffskombinationen gefunden.

Als letztes planen wir Bunkai als Wahlmöglichkeit. Wobei dieser Bunkai eigentlich so aufgebaut ist, dass er alles - Kumite, Selbstverteidigung und Bunkai – miteinander verbindet. Wir nehmen nämlich unser geplantes Kihon-Programm - oder andere ausgewählte Kombinationen aus dem Technikrepertoire der Kata - und zeigen dies mit Partner. Die Angriffe sollten hierbei möglichst realistisch gemacht werden. Gut wäre, wenn nicht immer angegriffen wird, sondern zwischendurch einfach jemand nach dem Weg oder der Urzeit fragt.

Die höchste Stufe dieses Trainings hat man erreicht, wenn man das Kampfkonzept der Kata verstanden hat und sich gegen nicht vorher bekannte Angriffe wehren kann.

Nun stellen wir fest, dass alles da ist was wir brauchen; Blocks, Angriffsblocks und Angriffskombinationen.

Wer Karate betreibt, sollte auch an Karate glauben.

Deshalb sollten wir nicht durch die Papierwand fahren und hoffen, dass der Gegner auf der anderen Seite nur ein Fahrrad dabei hat. Man sollte möglichst immer die Kontrolle behalten. Das funktioniert aber nur dann, wenn wir imstande sind mit Karatetechniken zu Blocken und zu Kontern. Wenn wir das nicht können, dann sollten wir mit unserem Auto durch die Papierwand fahren und hoffen, dass unser Gefährt größer und sicherer ist als das Andere, das auf uns zu kommt.

Die Jagd nach der höheren Graduierung

Nun muss man noch kurz zu den Graduierungen kommen. Es ist wichtig, dass das in diesem Buch noch kurz angesprochen wird.

Der nächste Gürtel.

Machen Sie doch einmal, liebe Leser, mit mir eine kleine Zeitreise, in das Okinawa des neunzehnten Jahrhunderts. Gehen wir doch einmal 150 Jahre zurück. Wir sehen in Okinawa einen jungen Mann wie er zu seinem Meister eilt um von ihm Kampfkunst zu erlernen. Der Meister hat nur wenig Schüler. Wir sehen sie im Innenhof eines Hauses hinter hohen Mauern trainieren. Keiner hat einen besonderen Kampfanzug an. Sie trainieren in üblichen Straßenkleidung. Es hat keiner einen besonderen Gürtel um. Es gab keine Gürtelprüfungen. Sie haben auch nicht das Ziel eine nächst höhere Graduierung zu erreichen. Sie wollen ihre Kampfkunst verbessern. Wenn sie nämlich einmal zum Kampf aufgefordert werden, und diesem Kampf nicht aus dem Weg gehen können, müssen sie über besondere Fähigkeiten verfügen. Das ist ihre einzige Motivation und ihr einziges Ziel. Mit den Graduierungen ist es wie in einem Wolfsrudel. Es wird sich mit der Zeit schon herausstellen wer besser ist und wer nicht. So war das, in dieser Zeit.

Kommen wir zurück, in unsere Zeit.
Der Karate-Gi ist das kleinste Problem. Das Problem sind die Gürtel. Manchmal sind auch die stolzen Eltern von Karate- Kindern ein Problem. (*manchmal*)
Kaum hat man einen neuen Gürtel erreicht, wird schon gefragt wann wieder Prüfung ist.
Neulich fragte mich jemand, wie viel Schwarze Gürtel es eigentlich gibt. Ich antwortete dass es 9 oder - wenn man es genau nimmt - 10 Dangrade gibt. Er fragte welchen Grad mein Meister hat. Ich antwortete, dass er den 5. Dan hat. Dann sagte er irgendwie enttäuscht: „Dann fehlen ihm ja noch fünf."
Als ich den 2. DAN machte, hat man mich kurze Zeit später gefragt wann ich den 3. DAN mache.
Ich habe das Gefühl, es geht in unserer Zeit nur noch darum den nächsten Gürtel zu erobern, und nicht mehr darum wirklich Karate zu lernen.

Der Schwarze Gürtel

Der Wunsch eines jeden Karatesportlers ist mit Sicherheit auch, den schwarzen Gürtel tragen zu dürfen. Beginnt man mit dem Training, sieht man das noch aus einem besonderen Blickwinkel. Man kann sich dann seiner Haut erwehren. Man verfügt über großes Wissen und besondere Fähigkeiten im Karate. Auch in der Öffentlichkeit wird das so gesehen. Doch es hat den Anschein, dass mit jedem erreichten Kyu-Grad, diese Besonderheit und Enthusiasmus verloren geht. Die Prüfung wird zwar als schwierige Hürde gesehen, aber letztendlich bedeutet das bei einigen Karatesportlern nicht mehr als eine Turnübung und die ersehnte Trophäe in der Gürtelsammlung.

Doch gerade das, darf nicht geschehen. Viele Karatesportler trainieren hart und unermüdlich, um ihr Ziel zu erreichen.
Betrachtet man Karate aber nur als wöchentlich einmaliges Fitnesstraining, sollte man nicht gleich nach den Sternen greifen.

In der heutigen Zeit ist vielen Karatesportlern wichtig, das Gürtelprogramm schnell abzuarbeiten, um dann den nächsten Gürtel erobern zu können. Einige Karateschüler glauben, wenn sie eine Kata halbwegs normal laufen können, ohne sich im Dojo zu verirren, könnten sie schon die nächste Prüfung machen. Das ist heute leider auch bei einigen höher graduierten Schülern so.

Sokon Hohan sagte einmal :
Ich glaube es gibt zwei Arten von Schüler- der treue und motivierte, welcher die okinawanischen Künste lernen möchte. Der andere ist eher individuell und möchte nur sagen, dass er Karate lernt. Von diesem gibt es weitaus mehr. Es sind die, die du überall sehen kannst. Sie sagen sie kennen Karate oder sie betreiben Karate - dies sind wertlose Einzelgänger

Man könnte es heute so formulieren und in drei Bereiche aufteilen.

Die ersten trainieren hart und unermüdlich für ihren sportlichen Wettkampferfolg.

Dann gibt es die Karateka die ihr Selbstverteidigungsziel, das sie sich am Anfang gesetzt hatten, nie aus den Augen verloren haben. Sie trainieren hart und forschen nach dem richtigen Weg. Karate findet bei ihnen nicht nur im Dojo statt. Diese Leute machen auch ihre Hausaufgaben. Sie trainieren „Karate Do". Mit Gürteln binden sie meist nur die Hose zu.

Dann gibt es noch Schüler, die mit möglichst wenig Einsatz viele Prüfungen bestehen wollen. Sie trainieren allenfalls nur vor einer bevorstehenden Prüfung hart. Nach der Prüfung fallen sie wieder in den alten Trott und bauen ihre Fähigkeiten wieder ab. Sie kennen nach oben aber keine Grenzen und haben nicht verstanden, wobei es im Karate wirklich geht. Sie wollen nur mit ihren errungenen Erfolgen angeben. Sie sind selbstsicher und glauben nicht, dass sie einmal Karate als Selbstverteidigung wirklich brauchen. Schlimm ist es, wenn sie ihre Gürtel anschauen und selber glauben, dass sie von unteren graduierten Schülern nicht geschlagen werden können. Es tut weh, wenn es dann doch geschieht.

Karate üben heißt, ein Leben lang arbeiten. Darin gibt es keine Grenzen.
Karate ist wie heißes Wasser das abkühlt, wenn du es nicht ständig warm hältst
Gichi Funakoshi

Wer keine Zeit hat um Karate zu lernen, der wird es nie begreifen.

Wenn man beim Abitur oder der Fahrprüfung nur einzig und alleine die Prüfungsfragen üben könnte, wäre das eigentliche Ziel nie erreicht.

Das erinnert mich an die Sportstunden aus meiner Berufsschulzeit. Die Turnübungen waren dort in Schwierigkeitsstufen eingeteilt. Wer dann eine schwierige Übung schaffte, konnte natürlich die anderen Mitschüler beeindrucken. Aber es waren eben nur Schwierigkeitsstufen, die außer Fitness, Körperbeherrschung und Geschicklichkeit, keine weitere Voraussetzungen erforderten. Im Gegensatz zu den Turnübungen, oder Eiskunstlauf, haben Karateübungen einen tieferen Sinn. Und dieser alte Weg, bringt das Karate zum Hochschulformat. Wer aber nie darüber nachdenkt, der turnt und tanzt eben nur.

Es kann definitiv nicht sein, dass jemand nach den „Dan- Sternen" greift und nur das notwendige Prüfprogramm beherrscht.

Dann sollte man sich wenigstens mit Wettkampf beschäftigen.

Aber dazu muss man erkennen und begreifen, dass Karate auch eine Wissenschaft ist. Man hat uns nicht alles gesagt oder man hat nicht tief genug geforscht. Und nach dem Zweiten Weltkrieg wollten die Japaner auch nichts mehr von den Okinawanischen Wurzeln wissen.

Mit erreichen des ersten Dan öffnet sich eine neue Karatewelt mit neuen Zielen und vielen neuen Fragen. Aber diese neuen Ziele und neuen Fragen muss man erst einmal finden. Aber um etwas zu finden, muss man wissen dass es existiert. Dann erst kann man danach suchen. Wer dies nicht kann und wer nicht sucht, nimmt Karate nicht ernst und bleibt immer auf einer Stufe stehen. Einige Zweifler merken dann, dass sie sich nicht wirklich, im Ernstfall, effektiv verteidigen können, und beenden ihr Training. Sie suchen dann meist ihr Glück in anderen Kampfkünsten. Das wirft ein

schlechtes Bild auf unser Karate. Andere Leute merken es nicht, und laufen weiter mit dem erreichten Grad stolz durch die Gegend.
Die Wenigsten zweifeln an sich und suchen den richtigen Weg und das beste Training für sich. Diese Leute sind diejenigen, die „Karate Do" praktizieren.

Der erste Dan bedeutet auch eine Verantwortung dem Karate gegenüber zu übernehmen. Karate wird weltweit von tausenden Sportlern betrieben. All diesen Karatesportlern, die die Sache sehr ernst nehmen, hat man dieser Verantwortung gerecht zu werden.

Auch im Freundeskreis, in der Verwandtschaft und bei den Arbeitskollegen spricht sich ein Dan-Erfolg herum. Man sollte dann auch imstande sein, durch entsprechendes fachliches Wissen oder entsprechend angepassten Reaktionen überzeugen zu können. Natürlich gilt dies auch, und vor allem, im Verein.

Menschen, die ihre Karatelaufbahn nur als eine Abarbeitung von Kihonübungen sehen, können den Weg des Karate niemals finden. Nur wer seine eigene Schwäche erkennt, kann daran arbeiten. Dann werden diese Schwächen irgendwann zu Stärken. Erkennt man dies nicht, trägt man seine Graduierung durch die Gegend und erkennt eines Tages zwangsläufig die eigene Unfähigkeit. Dann sollte man sich, wie Gilbert Gruss (9.Dan) schon sagte, daran erinnern warum man einst mit Karate begonnen hat.

Man muss auch akzeptieren, dass Karate in Okinawa eine Kriegskunst war. Leider wird das heute zu oft in das Land der Mythen und Märchen verbannt. Dies sollte niemand tun, der ernsthaft Karate betreibt. Wer sich ernsthaft mit Karate beschäftigt, beschäftigt sich auch mit der Geschichte. Dann lernt man, dass Graduierungen früher keine Rolle spielten.

Wenn man den schwarzen Gürtel endlich hat, trägt man ihn sicher mit viel Stolz. Aber man wird nicht bewundert weil man einen schwarzen Gürtel trägt; nein, man wird kritisch beäugt. Das eigentlich gewünschte Ziel erreicht man nur dann, wenn man überzeugen kann. Anderenfalls erreicht man nur das Gegenteil. Jeder neue Schüler, der das erste Mal in einem Dojo trainiert, ist sicher der Meinung, dass sich die dort trainierenden Dan-Träger, in einer echten Selbstverteidigungssituation, gut verteidigen können. Diese Frage sollte sich jeder selbst stellen. Denn das Geheimnis des echten Meisters, liegt in den Kata.

Der Schwarze Gürtel ist keine Goldmedaille die man im Schwimmen gewonnen hat. Das kann man nicht miteinander vergleichen. Wer das aber doch nur als sportliche Trophäe sieht, macht einen Fehler der eines Tages, mehr oder weniger, schlimme Folgen haben kann.
Zum Beispiel vor Gericht.

Waren Sie nicht fähig, sich wirklich zu verteidigen?
Das glaubt ihnen kein Richter.

Haben Sie zu fest zugeschlagen? Dann fragen sie, warum.

Letztendlich ist man seinem Trainer und den Prüfern verpflichtet, dem Vertrauen, das in die Prüflinge gesetzt wurde, gerecht zu werden. Und das ist mit Sicherheit einer der wichtigsten Gründe, nach bestandenem Dangrad, sich nicht durch das Karateleben zu mogeln.

Wenn die Graduierung, und insbesondere die Dangrade, an Wert verlieren, verliert auch Karate an Wert. Wollen wir das wirklich? Ich weiß, dass es nicht überall so ist; und das ist auch gut so.

Vorsicht! Konkurrenz.
Das muss, an dieser Stelle auch noch rein. Es kommt zwar nicht so oft vor, aber es gibt es doch. Zuerst ein wichtiges Zitat:

Es ist eine viel schlimmere Art des Stolzes, andere zu verkleinern, als sich selbst zu erheben.
Frencesco Petrarca Italienischer Dichter 1304-1374

Neidvolles oder angstvolles Konkurrenzdenken, darf es in einem Karateverein nicht geben. Auch – *und schon gar nicht* – bei einem Meister. Motivation, wenn ein anderes Vereinsmitglied gute Fortschritte zeigt, ist hingegen etwas anderes.

In Okinawa musste sich jeder Meister durch seine Fähigkeiten beweisen. Heute reicht eine hohe Graduierung um immer recht zu haben.
Ich habe schon das Beispiel mit dem Age-Uke gebracht, wo Tori angreift und weiß, dass Uke, Age-Uke abwehren muss; weil es gerade geübt wird. Das selbe geht auch mit anderen Techniken. Tori drückt den Age-Uke Arm so heftig nach unten, dass Sie alt aussehen und posaunt das auch noch im Dojo beglückt heraus. Er erhebt sich, indem er Sie klein macht.

In einer solchen Situation den Age-Uke Arm herunter zu drücken ist natürlich Unsinn. Die Schlagkraft geht - in diesem Übungsbeispiel - immer nur von der Faust geradewegs ins Ziel. Das runter drücken kann Tori auch nur deshalb, weil er weiß dass ein Age-Uke kommt.

Sie erfinden auch in fast jedem Training etwas neues, das so nirgendwo gemacht wird; weil sich alle anderen irren, und nur solche Leute Recht haben und als einzige auf der ganzen Welt wissen wie es wirklich gemacht wird. Das sind keine wahren Meister. Solche Leute mussten sich nur in einer Prüfung beweisen - wenn kein Wettkampf gemacht wird - und haben nun einen Freifahrschein um sich selbst jeden Tag zu erheben. Wenn Können, durch intellektuelle Erfindungen bewiesen werden soll, ist das der falsche Weg.

Wer die Wahrheit sagt, der braucht nicht zu argumentieren; wer argumentieren muss, der sagt nicht die Wahrheit.
Lao-tse, chinesischer Philosoph (um 300 v. Chr.)

Der falsche Weg ist auch, wenn an Oberster Stelle ein großer Meister steht der alleine bestimmt was trainiert wird, oder was richtig ist, und jede Kreativität unterbindet.

Die Superklugheit ist eine der verächtlichsten Arten von Unklugheit.
Georg Christoph Lichtenberg, deutscher Physiker und Schriftsteller (1742 - 1799)

Buddhistische Philosophie
Prüfe selbst! Verlasse dich nicht auf andere Autoritäten. Schau allein auf dein Herz. Und sei dir selbst eine Insel.

Aus Sicht des Buddha ist es sehr wichtig, Lehren nicht zu glauben, sondern selber zu prüfen:
Wenn Ihr irgendwelche Lehren hört, dann glaubt sie nicht, nur weil ihr sie gehört habt und weil sie überliefert wurden oder weil andere dieser Meinung sind. Glaubt nicht, nur weil es in heiligen Schriften steht oder weil es sich logisch und vernünftig anhört. Vertraut keinen erdachten Theorien und auch nicht dem, woran viele glauben. Nehmt nicht nur das an, was euch persönlich gut gefällt oder was ein spiritueller Meister gesagt hat. Wenn Ihr selbst erkennt, dass eine Lehre unheilsam ist, weil sie, wenn man sich danach richtet, zu Unheil und Leiden führt, dann sollt ihr sie lassen. Wenn ihr

aber eine Lehre als heilsam erkennt, weil sie zu Glück und Wohl führt,
wenn man sich danach richtet, dann sollt ihr sie annehmen.
(aus: Paul   Köppler: So spricht Buddha. Die
schönsten und wichtigsten Lehrreden des Erwachten)

Diese Lehre ist überall anwendbar und das wussten auch die alten Meister
auf Okinawa.

Noch ein Wort zum Sound-Karate

Innerhalb des Stiloffenen Karate wurde, speziell für Kinder, Sound-Karate
geschaffen. Sound-Karate basiert auf wissenschaftlichen Forschungen und
ist eine neu entwickelte Trainingsform für Kinder und Jugendliche, die als
Schulsport bezeichnet wird. Es beinhaltet, im Gegensatz zum
Erwachsenentraining, ein ganz anders aufgebautes Konzept. Man benutzt
verschiedene Sportgeräte wie Bälle um Karatetechniken zu unterrichten.
Ein wirklich gutes und sehr schönes Training. Es macht den Kindern viel
Spaß. Die Techniken werden auch mit Musik trainiert. Daher auch
Multimedia–Karate. Techniken, Partnerübungen, Kumiteformen, Motorik
und Rhythmik werden geschult.

Karate-Do war bis dato, in seiner Gesamtheit, als Schulsport nicht
zugelassen. Daher ist Sound-Karate die derzeit einzige Alternative, Karate
an Schulen zu unterrichten.

Es sind deutliche Parallelen zur, von Yoshitaka Funakoshi entwickelten,
„Ten-no-Kata" zu erkennen. Diese alte Kata wurde von
Grundschulübungen, bis zu hoch anspruchsvollen Kombinationen, aus den
Kata, geübt und perfektioniert. Wie ich mittlerweile erfahren konnte,
werden auch im modernen Soundkarate Katatechniken, beispielsweise als
Viererblocks, trainiert. Und das ist bestimmt nicht schlecht.

Im Grunde ist das Konzept des Soundkarate sehr gut. Leider spielen die
Schülerkatas (Heian, Pinan), in ihrer Gesamtheit, nur eine untergeordnete
Rolle.

Hoffentlich entsteht kein Konflikt zwischen den Karateka, die Karate mehr traditionell und als Selbstverteidigung sehen, und denen, die es als Sportliche Wettkampfherausforderung sehen.

Rückblick

Wer das Neue verstehen will, muss das Alte erforschen.

Die wichtigsten Unterschiede des Shorin-Ryu zum Shotokan-Ryu.

In diesem Buch habe ich schon reichlich die Veränderungen im Karate geschildert; wie die frühere Ausführung des Shuto-Uke in Okinawa. Abschließend möchte ich mit diesem Kapitel noch kurz einiges ergänzen.

Es gab im späteren Okinawa einige große Stilrichtungen, wie Shuri-Te und Tomari-Te, was man unter Shorin-Ryu zusammenfassen kann. Es gab Niigaki-Te. Und es gab auch Naha-Te, das mit Uechi-Ryu das Hauptsystem Shorei- Ryu bildet.

In Japan gab es dann später neben dem meist verbreiteten Shotokan, die großen Stilrichtungen Shito-Ryu, Goju-Ryu und Wado-Ryu.

Am Beispiel Shorin-Ryu und Shotokan möchte ich abschließend noch einige weitere Änderungen beschreiben.

Es gibt einige „wichtige" Unterschiede zum japanischen Karate, die jedem Kenner sofort auffallen, wenn man sich damit beschäftigt.

Im japanischen Shotokan Ryu wird der „Okinawa-Te Soto- Uke" als „Uchi-Uke" ausgeführt; und umgekehrt. Aber was ist nun richtig?

Karate stammt ursprünglich aus Okinawa. Also ist die Bezeichnung die man in Okinawa nutzt richtig. Was im modernen Karate als Uchi-Uke bezeichnet wird, ist eigentlich ein Soto-Uke.

Wieso?
Der Weg der Technik?
Gedan-Barai bedeutet, Gedan = Unterstufe.

Age-Uke bedeutet von unten nach oben.
Wohin führt die Technik? Nicht, woher kommt die Technik?

Soto bedeutet außen. Der Weg geht also nach außen. Die Technik führt von innen nach außen.
Gleiches gilt für Uchi-Uke. Uchi bedeutet innen. Die Technik führt also nach innen.

Nun mag man sagen, dass die richtige Bezeichnung eher unwichtig ist. Es kommt auf die richtige Ausführung der Technik an.
Das mag stimmen. Aber was ist „Die richtige Ausführung?". Siehe Kapitel: Wo ist Soto-Uke in den Kata?

Es war so vieles anders in Okinawa. Es gab keine Graduierungen.
Selbstverteidigung entstand direkt aus den Kata. Techniken mussten wirken, bevor sie schön aussahen. Es gab keine weißen Karateanzüge (Gi)
Viele Rituale und Trainingsmethoden wurden erst in Japan vom Judo und Kendo übernommen.
Keine Akademiker, sondern kampferfahrene Lehrer unterrichteten in Okinawa.
Es gab kein Kihon oder Grundschule nach japanischem Muster; weil diese Grundschule, in der Realität, nicht funktioniert. Sie ist sogar extrem falsch und sehr gefährlich für eigenes Leib und Leben.

Grundsätzlich muss man sagen, dass nicht Funakoshi Sensei Karate verändert hat, sondern seine späten Nachfolger, die Wettkampfkarate einführten und weltweit verbreiteten. Das ist eigentlich etwas wirklich gutes, wenn man nicht die Wurzeln vergessen oder sogar verleugnen würde.
Wenn Karate so willkürlich geändert wurde, wo ist dann die Jahrhunderte alte Erfahrung der alten Kämpfer hingekommen, und der entsprechende Respekt vor ihnen.

Heute respektieren sich die meisten Menschen nur noch selbst, und verteidigen vehement ihre unumstößlich eigene Meinung.

Wer seine Meinung nie zurückzieht, liebt sich selbst mehr als die Wahrheit.
Joseph Joubert, französischer Moralist (1754 - 1824)

Okinawa-Te, Karate und Olympia

Wenn man nun all das gelesen hat und nachdenkt, warum heute so vieles anders trainiert wird als zu Itosu's Zeiten, dann kommt man zu folgendem Schluss.

Damals trainierten die Okinawaner aus Angst. Sie trainierten, weil sie von Samurai, Räubern oder Raufbolden bedroht wurden. Sie trainierten auch, weil diese Kampfkunst etwas besonderes war. Außerdem war es eine besondere Ehre, von einem Meister des Okinawa-Te trainiert zu werden. Es gab keine Turniere. Es gab keine Graduierungen. Oftmals mussten sie sich auch gegen andere Kämpfer in echten Kämpfen durchsetzen. Diese Kämpfe waren gleichzusetzen, mit einer heutigen echten Selbstverteidigungssituation. Wenn man mit diesen Gedanken trainiert, hat man andere Motivationen als heute. Okinawa-Te war eine Kriegskunst. Es gab keinen Kihon wie er in Japan entwickelt wurde, oder Bezeichnungen von Techniken. Es gab nur Kata. Man trainierte nur die Techniken und Kombinationen aus den Kata und schlug den Makiwara.
Außerdem war die damalige Zeit nicht so Kapital- und Erfolgs-gesteuert wie heute.

Heute hat man andere Ziele und Trainingsmethoden. Karate soll zur Olympischen Disziplin werden. Das würde aber bedeuten, dass Karate, wie so viele andere Sportarten, nur für eine kleine Elite dauerhaft gut ist. Außerdem entsteht dann eine Art Karate, das sich völlig an den Olympischen Richtlinien orientiert. Alles andere, was nicht dazugehört, wird nur noch stiefmütterlich behandelt.

Karate wird immer mehr zum Opfer typischer menschlicher Verhaltensmuster. Dabei hat sich Gichi Funakoshi soviel Mühe gegeben, auch seine Philosophie im Karate weiterzugeben. Wer diese Philosophie versteht, findet Karate-Do; den wahren Weg des Karate. Anderenfalls tappt man nur im Dunkeln und wundert sich, wenn man gegen die Wand rennt.

Die Gesellschaft hat sich verändert, und sie verändert auch das Karate. Karate wird, seit einigen Jahren, neu erfunden. Das ist so, weil man das „alte Karate" nicht so versteht, wie es oben beschrieben wurde. Und weil man es nicht verstehen will und alles besser weiß, ist – nach Meinung einiger Leute – vieles falsch, was früher trainiert wurde. Kata werden nicht mehr ernst genommen, und die Geschichte des Karate spielt oftmals keine Rolle mehr.

Der beste Beweis für die derzeitige Unfähigkeit das „Alte Große Karate" zu begreifen ist, dass man schon mit 12 Jahren den Schwarzen Meistergürtel machen kann. Also ist Karate heutzutage Kinderleicht zu begreifen und zu bewältigen.

Für talentierte akrobatische Leute ist es keine besondere Kunst, ein paar Kata oder Techniken schön zu machen. Das trainiert man in jedem Turnverein, auf der Eisfläche oder beim Tanzen. Figuren machen ist wirklich schon von Kindern meisterhaft zu bewältigen.

Das war früher nicht so. In Okinawa gab es - trotz täglichem Training - keine Karatemeister mit 12 Jahren.

Wenn man beginnt dahinter zu blicken, macht diese Entwicklung traurig. Wenn man Karate so ausführt, wie es heute einige Trainer neu erfinden, braucht man auch keine Kata mehr. So nach dem Motto: „Immer vorwärts und drauf. Nie zurück".

Mit dem Wahlteil Wettkampfkumite im „Stiloffenen Karate", ist diese Entwicklung noch gefördert worden.
Nicht falsch verstehen! Ich finde das Stiloffene Programm sehr gut; wenn man es richtig nutzt.

Wenn kommerzielle Aspekte, Karate zu beherrschen beginnen, leidet die Vielfalt, die Philosophie und der Anspruch geistiges und körperliches Training zu sein. Was wird aus Karate werden, wenn es vermarktet wird? Ein paar 08/15 Techniken perfekt lernen und dann drauf? Mal sehen wer schneller ist, das bessere Auge und die bessere Reaktion hat?

Im Grunde genommen braucht man nur ein paar gute Athleten zu suchen, ihnen im Schnellkurs die notwendigen Kampftechniken beizubringen und dann Kämpfen lassen. Der lange Weg zum Schwarzen Gürtel ist da eher hinderlich.

Karate wird zum Sport bei dem die Elite gefördert und vermarktet werden soll. Es ist wie bei einer Castingshow im Fernsehen: Aus tausenden Bewerbern werden am Ende nur wenige Spaß und Erfolg haben. Die anderen Sportler bleiben auf der Strecke und verlieren die Lust am Karate. Breitensport wird kaum noch ernst genommen.

Trainingsmethoden wie z.B. im Boxsport werden eingeführt. Mit allen möglichen technischen Mitteln wie Videos mit denen man seine Gegner genau analysieren kann.

Es werden die Trainingseinheiten auf den Wettkampf abgestimmt. Das Lernen wird auf die im Wettkampf benötigten Techniken reduziert, die körperliche Fitness wird in den Vordergrund der Übungen gestellt. Kata werden nur noch geübt, wenn man sie im Prüfungsprogramm braucht, oder wenn man sich auf Katawettkampf spezialisiert hat.

Bei vielen Vereinen werden besondere Talente in Kaders zusammengefasst (gesondertes spezielles Training) und auch extra schnell in den Gurtklassen vorangetrieben, um auf den Verbandsturnieren antreten zu dürfen.
Es werden auch Preisgelder oder Sachpreise für Erfolge versprochen, eine Parallele ist hier zum Fußballsport zu sehen.
Durch die kommerzielle Wandlung des Karate droht der Weg des Karate (Karate-Do) völlig verloren zu gehen.

So liebe Wettkämpfer. Ich wünsche euch wirklich alles Gute und viel Erfolg. Ich habe auch großen Respekt vor eurem Können. Und meine aller größte Bewunderung gilt den Spitzenathleten, die bei einer solchen Olympiade antreten würden. Hut ab, wirklich! Aber ich möchte mir an dieser Stelle einmal eine Frage erlauben:

„Was hat man euch über Kata erzählt, oder was denkt Ihr selbst?"

Ein notwendiges Übel?
Überbleibsel aus einer längst vergessenen Zeit?
Nur gut wenn man gerade keinen Trainingspartner zur Hand hat?
Nur gut für die Motorik?
Wenn Kumite einfach wäre würde es Kata heißen?
Kata ist nur Gymnastik für Kumite?
Oder was auch immer.

Ich, an eurer Stelle, würde dann einmal fragen:

„Ist da sonst gar nichts?"

2009 habe ich im Internet bei „Wer kennt wen" eine Gruppe gefunden die hieß: **„Kata ist Gymnastik fürs Kumite"**

Ich muss an dieser Stelle sagen:
Ihr habt keine Ahnung von Karate.

Man kann sehr lange trainieren, aber wenn man immer nur Hände und Füße bewegt und wie eine Marionette umherspringt, dann ist Karate nicht anders als Tanzen lernen. Man wird die Hauptsache verfehlen. Es wird so nicht gelingen, die Quintessenz des Karate-dō zu begreifen."
(Funakoshi Gichin)

Ich denke, ich habe zumindest mit diesem Buch euer Interesse geweckt. Und nicht mehr, will ich erreichen.

Es ist so einfach den richtigen Karateweg zu finden. Aber der liegt leider in den so unangenehmen Kata. Dieses Training dauert lange und ist schwierig.

Wenn wir wieder Kata zu dem machen was sie einmal waren, finden wir auch wieder den richtigen Weg zum Karate; zum Karate-Do. Sucht die zweite Hälfte der Schatzkarte! Es gibt sie.

Ich hoffe, dass ihnen das Buch gefallen hat.
Mit besten Grüßen
Rüdiger Janson
3. Dan Shotokan Karate

Man möge mir harte Worte vergeben, wenn sie in diesem Buch auftauchten. Aber manchmal geht es eben mit mir durch. Sorry!

Jetzt gehöre ich vielleicht auch zu denen, denen man nachsagt:
„Und wieder einer der an Selbstüberschätzung leidet und meint, er müsste ein Buch über Karate schreiben".

Wer aber verstanden hat worum es mir geht, wird das an dieser Stelle sicher nicht mehr behaupten.

Karate ist wie Fahrrad fahren. Wer nur auf einem Einrad fährt, muss verdammt gut sein.

Zitate der alten Meister

Denke nicht ans Gewinnen, doch denke darüber nach, wie man nicht verliert
Gichin Funakoshi

Die Kampfkunst ist dazu gedacht, Gewalt zu beseitigen, Ärger zu vermeiden und sich im Notfall zu schützen. Deshalb müssen sich alle Kampfkunst übenden eine Haltung der Bescheidenheit und Zurückhaltung angewöhnen und sich mit einem Geist der Loyalität und Hingabe gegenüber ihrer Kunst und ihrer Gemeinschaft erziehen.
Kyan, Chotoku. (1870 - 1945) Okinawa-Te Meister.

Um voranzuschreiten, muss man nach dem wahren Wesen der Kunst streben.
Soken Hohan, Okinawameister 1889 - 1982

Realität ist ein wichtiges Ziel im Karate Training. Sich vorzustellen, dass man wirklich während des Trainings auf dem Schlachtfeld ist, trägt viel zur Steigerung des Fortschritts bei.
Itosu Yasutsune, Lehrer Funakoshis

Karate ist nicht dazu gedacht, im Wettbewerb eingesetzt zu werden, sondern viel eher als ein Mittel, seine Hände und Füße in einer ernsthaften Begegnung mit einem Raufbold oder Schurken zu gebrauchen. Realität ist ein wichtiges Ziel im Karate Training. Sich vorzustellen, dass man wirklich während des Trainings auf dem Schlachtfeld ist, trägt viel zur Steigerung des Fortschritts bei.
Itosu Yasutsune, Lehrer Funakoshis
In den alten Tagen übten wir Karate als Kampfkunst, aber nun wird Karate wie Gymnastik geübt. Ich denke, wir müssen verhindern, dass Karate als Sport behandelt wird - es muss immer eine Kampfkunst bleiben.
Chibana Choshin (1885-1969) Schüler Itosus

Karate ist ein Weg zu leben. Als solches bildet es einen Charakter, der ein vollkommen anderer ist als der, der im Sport entstehen kann. Karate übt man weder zum Spaß noch für einen Preis.
Yabu Kentsu, Okinawa-Te Meister (1863 - 1937)

Wenn es Leute gibt die glauben man müsse, um mit der Zeit zu gehen, die Kata und das Kumite des Karate in Sport verwandeln, so muss man diesen Leuten sagen, dass sie offenbar nicht erkennen, dass sie damit den ersten Schritt machen, zu einem unglaublich schwerwiegenden Fehler.
Kenwa Mabuni (Begründer des Shito Ryu)